DES SANGSUES,

CONSIDÉRÉES AU POINT DE VUE

DE L'ÉCONOMIE MÉDICALE.

DES SANGSUES,

CONSIDÉRÉES AU POINT DE VUE

DE L'ÉCONOMIE MÉDICALE.

POSSIBILITÉ ET AVANTAGES DE LEUR MULTIPLICATION EN CAPTIVITÉ. — DU DÉGORGEMENT, DE LA CONSERVATION ET DE L'APPLICATION DE CES ANIMAUX. — DES LOIS A CRÉER POUR ARRÊTER LA DÉPOPULATION DES ÉTANGS.

Par le Dr ÉBRARD,

Médecin de l'hospice de la Charité de Bourg.

BOURG-EN-BRESSE,

IMPRIMERIE DE MILLIET-BOTTIER.

—

1848.

A la Société d'Encouragement

POUR

L'INDUSTRIE NATIONALE.

La Société d'Encouragement a cherché à provoquer des recherches sur les moyens de diminuer la rareté et la cherté des sangsues.

Ce travail a été entrepris pour répondre à son appel ; j'ose espérer qu'elle en accueillera l'hommage avec bienveillance.

AVANT-PROPOS.

Idoneus patriæ, utilis ægris.

L'utilité thérapeutique des émissions sanguines est incontestable. La nature semble nous avoir elle-même enseigné ce moyen de guérison. Des hémorrhagies spontanées n'amènent-elles pas souvent le soulagement et la terminaison heureuse des maladies?

Le mode d'opérer les émissions sanguines peut, sauf de rares exceptions, être ramené à deux procédés: la phlébotomie ou saignée, et l'application des sangsues.

La saignée du bras est quelquefois préférable, par exemple, chez les individus forts et pléthoriques, lorsque une inflammation ou une congestion sanguine occupe un organe profond, lorsque l'affection morbide exige une évacuation prompte et abondante.

Mais il est un grand nombre de cas où l'application des sangsues est plus avantageuse. A l'action spoliative de la saignée, elle joint une action révulsive, laquelle est surtout efficace dans les maladies résultant d'un retard dans l'apparition du flux menstruel, de la suppression d'un épistaxis habituel ou des hémorrhoïdes. Les points douloureux, produits par la pleurésie, par la péritonite, résistent à la saignée, et sont enlevés rapidement par l'application des sangsues. Souvent aussi les sangsues peuvent seules être employées chez les enfants, chez les sujets faibles, affaiblis ou craintifs, chez les personnes dont les veines du bras sont cachées par un grand embonpoint. D'ailleurs, la meilleure preuve des services que les sangsues rendent à la médecine, c'est la consommation considérable qui se fait de ces annélides.

La France consomme annuellement près de cinquante millions de sangsues; ses marais et ses étangs étant dépeuplés, elle les tire des pays étrangers. Malheureusement la rareté de ces animaux devient chaque jour plus grande, et leur prix s'élève en proportion. Leur usage n'est déjà plus à la portée de la population peu aisée, c'est-à-dire du plus grand nombre. Combien de fois, au lit du cultivateur ou de l'ouvrier malade, le médecin n'a-t-il pas à déplorer les entraves que la cherté des sangsues met à l'emploi du traitement le plus convenable, de celui indiqué par la nature de la maladie !

La rareté et la cherté des sangsues ont éveillé l'attention depuis plusieurs années. La Société royale d'Emulation de l'Ain et la Société royale d'Encouragement, ayant en vue d'y porter remède, promirent, l'une en 1829, l'autre en 1840, des prix s'élevant de 800 francs à 3,000 francs, à ceux qui résoudraient d'une manière pratique le problème de la multiplication des sangsues en captivité. C'était là une idée heureuse, offrant de grandes probabilités de succès. L'industrie ayant su créer des réservoirs où les poissons, même ceux qui aiment les eaux courantes, croissent en volume et en nombre, l'analogie devait faire espérer le même résultat par rapport aux sangsues, animaux vivant naturellement dans les étangs.

Cependant les essais tentés pour faire multiplier les sangsues en captivité, pour peupler artificiellement les étangs, marais, ou pièces d'eau, n'ont généralement pas réussi. Quelle est la cause de ces insuccès? Ils dépendent de ce que les expérimentateurs, n'ayant que des idées fausses sur l'histoire naturelle des sangsues, n'ont pas rempli les conditions nécessaires à leur développement.

Les naturalistes sont parvenus à connaître l'anatomie,

la structure des sangsues; à l'aide du microscope, des agents chimiques, du scalpel, ils sont parvenus à les classer dans l'échelle des êtres organisés. Seulement, ils ont laissé dans l'oubli les mœurs des sangsues, la partie de leur histoire naturelle qui seule pouvait enseigner les moyens de les faire multiplier en grand. J'entreprendrai, dans la mesure de mes forces, de combler cette lacune.

Je chercherai à faire connaître à quel âge les sangsues sont capables de se reproduire, quelle est la promptitude de leur accroissement, quelle est leur nourriture, quels sont leurs ennemis. J'indiquerai l'aménagement, le terrain, les eaux, la forme et la végétation des étangs où elles prospèrent le mieux. Je constaterai que leur fécondité est beaucoup plus grande qu'on ne le pense; je prouverai qu'elles peuvent croître, se reproduire, bien que renfermées dans des espaces limités. Enfin, j'entrerai dans quelques considérations relativement aux lois projetées sur la pêche et le commerce des sangsues.

En même temps que la Société royale d'Encouragement cherchait à provoquer des essais de multiplication, elle ouvrait un concours sur les moyens de rendre les sangsues propres à plusieurs succions: je m'occuperai de cette question.

Après avoir passé en revue tous les procédés qui ont été employés pour faire dégorger les sangsues, après avoir apprécié la valeur de chacun, j'indiquerai un moyen de dégor-

gement dont des expériences, faites sur plus de deux mille sangsues, m'ont démontré la grande supériorité. C'est moins un moyen nouveau que l'emploi simultané de deux procédés déjà connus, qui doivent à cette réunion de perdre les inconvéniens attachés à leur emploi isolé.

Son adoption permettrait aux hôpitaux de réaliser de grandes économies ; elle rendrait fructueuse l'industrie qui consisterait à louer des sangsues, ainsi que cela se pratique à l'Ile-de-France. Devenue générale, elle diminuerait la consommation des sangsues neuves, elle tendrait à faire baisser leur prix élevé.

La connaissance des soins qu'il convient de prodiguer aux sangsues pour les conserver, celle des précautions dont on doit entourer leur application pour obtenir une évacuation abondante, concourraient aussi, si elles étaient vulgarisées, à amener la diminution de la cherté de ces annélides. *Je décrirai donc le mode de conserver les sangsues qui m'a paru devoir être préféré; je parlerai de leurs maladies; j'indiquerai de quelle manière il faut appliquer les sangsues, comment il faut traiter leurs piqûres.*

Enfin, j'abandonnerai un moment la ligne que je me suis tracée, celle des questions pratiques. Je donnerai, sur la formation des cocons de sangsues, des détails qui n'ont point figuré dans la dissertation, d'ailleurs si exacte, publiée en 1838 par M. Charpentier.

Tels sont les faits et les considérations contenus dans ce

Mémoire. Leur importance me fera pardonner, je l'espère, les incorrections de style, le manque d'ordre et les autres défauts, résultats inévitables de mon peu d'habitude d'écrire.

Peut-être me fera-t-on le reproche d'avoir trop écrit sous l'inspiration de la localité. Il ne m'aurait pas été possible d'agir différemment sans sortir de ce que j'ai observé moi-même, et, par conséquent, sans m'exposer à répéter des erreurs dont fourmillent les ouvrages traitant des sangsues. Et quel pays, mieux que celui que j'habite, présente des conditions favorables à l'étude des mœurs des sangsues : la sixième partie de la Dombes est couverte d'eau. Les résultats cadastraux, publiés en 1835 par le ministère du commerce, portent à vingt mille hectares l'étendue des étangs du département de l'Ain.

PREMIÈRE PARTIE.

HISTOIRE NATURELLE DES SANGSUES. — DE LA MULTIPLICATION DES SANGSUES EN CAPTIVITÉ. — LOIS A CRÉER SUR LA PÊCHE ET LE COMMERCE DE CES ANIMAUX.

Je ne parlerai pas de la structure anatomique des sangsues. Je n'examinerai pas si elles jouissent de la faculté de voir, d'entendre, de percevoir les odeurs et les saveurs : ce serait entrer dans des dissertations oiseuses, eu égard au but que je me propose. Dans l'étude de l'histoire naturelle de ces annélides, je chercherai seulement les faits susceptibles de jeter quelque lumière, savoir : sur la marche à suivre pour réussir à multiplier les sangsues en captivité, sur la possibilité et les avantages de cette multiplication, sur l'élevage des filets, sur les lois propres à arrêter l'épuisement des étangs.

J'exposerai d'abord les faits tels qu'ils ont été observés ; plus tard, j'en ferai ressortir les conséquences. Ce mode de faire m'a paru préférable. Des connaissances préliminaires étant acquises, je n'aurai pas l'ennui, en traçant des règles de conduite, de suspendre à chaque instant l'exposition de ces règles pour faire connaître les observations qui leur servent de base.

—

Des variétés de Sangsues.

Les variétés de sangsues les plus répandues dans le commerce sont, en France, la sangsue verte ou de Hongrie *(sanguisuga officinalis)*, la sangsue grise *(sanguisuga medicinalis)* et la sangsue interrompue.

« Toutes les sangsues, dit Mocquin Tandon, n'absorbent pas une égale quantité de sang ; leur force de succion est différente, selon les espèces.

Ainsi :

Une sangsue officinale suce comme 7
Une sangsue interrompue suce comme. 6
Une sangsue médicinale suce comme. 2
Une sangsue obscure suce comme . . . . 1 »

La sangsue médicinale, pour employer le même mode

d'évaluation, suce comme 6. La différence existant entre la faculté absorbante des sangsues officinales et celle des sangsues grises et interrompues, provient de ce que ces dernières ont, à poids égal, des tissus plus épais.

Je ne connais pas la sangsue à laquelle Mocquin Tandon donne le nom de sangsue obscure. Dans le pays que j'habite, la Dombes, les pêcheurs appellent ainsi deux variétés bien différentes. L'une est la sangsue de cheval, laquelle ne pique pas; l'autre suce autant de sang que la sangsue médicinale. Cette sangsue, qui est peut-être celle décrite en 1825 par M. Huzard, paraît être entièrement noire. Cependant, si on la regarde à travers un rayon de soleil, on distingue sur son dos quatre bandes longitudinales de couleur violette.

—

De l'accroissement et de la longévité des Sangsues.

Au sortir des cocons, les sangsues médicinales sont de couleur rouge; elles pèsent de 5 à 12 centigrammes. Mais elles ne tardent pas à changer de couleur, à augmenter de volume. Elles deviennent d'abord jaunes, puis brunes. Au bout d'un an, elles atteignent le poids de 7 à 8 décigrammes.

A la fin de la deuxième année, leur poids est de 2 grammes et quelques décigrammes.

A trois ans, il est de 3 grammes et 5 décigrammes.

A quatre ans, il est de 4 grammes 5 décigrammes à 5 grammes.

A la fin de la cinquième année, ou au commencement de la sixième, elles pèsent environ 6 grammes. Elles commencent alors à poser, quoiqu'elles soient loin d'avoir atteint leur summum de croissance.

A quelles observations dois-je ces données sur l'accroissement des sangsues, sur leur âge de reproduction? En 1844, je mis dans une pièce d'eau, au Greffuet, près Bourg, des filets sortis récemment du cocon. J'ai constaté en 1845, 1846, 1847, que leur développement avait suivi les phases indiquées. Parmi les sangsues grises qui avaient posé des cocons dans mes bocaux, j'ai choisi celles du moindre volume; leur poids a toujours dépassé 5 grammes.

M. Thomas, pharmacien à Pont-St-Pierre (Eure), a écrit à la Société d'Encouragement que des sangsues petites moyennes, par conséquent âgées de près de deux ans, étaient devenues bonnes à la reproduction après quatre ans de séjour dans ses réservoirs. Il leur fournissait abondamment des grenouilles et des lézards d'eau (1).

Le développement des sangsues ne peut, d'ailleurs, être déterminé qu'approximativement; il varie selon une foule de circonstances. L'abondance de la nourriture que les sangsues trouvent dans les étangs a une grande influence

(1) *Journal de la Société royale d'Encouragement*. — Février 1846.

sur leur accroissement. Des filets auxquels je donnais des grenouilles à piquer, se sont développés plus vite que des filets que je tenais simplement dans des bocaux pleins d'eau. Le temps pendant lequel un étang est en assec ou en évolage a également une influence remarquable. Des filets placés dans des bocaux pleins d'eau ont crû beaucoup plus promptement que des filets tenus dans des bocaux remplis de terre.

Je ne crois pas que les sangsues parviennent en moins de neuf ans à leur plus grand développement. La lenteur de l'accroissement de ces annélides, la longueur de leur digestion, la grosseur de quelques sangsues vaches, l'épaisseur et la dureté de leurs tissus, la longévité ordinaire des espèces aquatiques, m'amènent à penser que les sangsues prolongent leur existence bien au-delà de vingt ans, terme qui leur a été accordé par M. Johnson.

—

De la reproduction des Sangsues.

Les sangsues possèdent les deux sexes; chaque individu concourt doublement à la reproduction.

Le produit de la conception consiste en plusieurs cocons ovoïdes, contenant chacun de 6 à 24 germes, plus ou moins, selon la grosseur des cocons.

M. Charpentier croit que les sangsues ne posent qu'une

fois chaque année, aux mois de juillet et août, c'est-à-dire trente à quarante jours après l'accouplement du mois de juin. Cependant il reconnaît, qu'outre l'accouplement ayant lieu à cette époque, les sangsues s'accouplent encore dans la dernière quinzaine d'août. Pourquoi donc ce dernier accouplement ne donnerait-il pas également lieu à une production de cocons? Ce serait là une anomalie qui aurait droit de nous surprendre.

Les pêcheurs de mon pays, de la Dombes, sont unanimes pour affirmer que les sangsues, agissant en cela comme les poissons, posent deux fois par an. Ils n'ont qu'une voix pour assurer qu'au printemps ils observent dans les étangs une génération de filets autre que celle du mois d'août. Le possesseur d'un réservoir à sangsues, situé à Douai, M. Demarquette, m'écrivait en 1845: « L'an dernier, fin d'octobre, comme cette année, j'ai remarqué de jeunes sangsues venant d'éclore. Si ce fait se renouvelle, je serai forcé de croire à une double ponte par an. » J'ai trouvé moi-même, dans mes bocaux, des cocons pleins de filets au mois d'octobre; j'en ai trouvé au commencement d'avril.

Mais ces cocons trouvés aux mois d'octobre et d'avril, ces filets observés fin octobre par M. Demarquette, au printemps par les pêcheurs de la Dombes, ont-ils été produits par des sangsues ayant déjà posé aux mois de juillet et d'août? Je le crois, mais je ne puis l'assurer.

Heureusement, cette incertitude et ce défaut de preuves disparaissent, quand il s'agit de prouver que les sangsues produisent plusieurs cocons à la pose des mois de juillet et août. MM. Charpentier, Martin, Mocquin Tandon, croient que les sangsues ne posent qu'un cocon par an. Je certifie le contraire; et pour partager ma manière de voir, il suffira de lire ou de répéter l'expérience suivante :

Le 1er juillet 1846, M. Tiersot, pharmacien à Bourg, eut l'obligeance de me remettre dix grosses sangsues, venant seulement d'être pêchées. Je les gardai, jusqu'au 20 du même mois, dans un vase rempli d'eau. Ce jour, je renfermais les deux plus grosses dans un bocal en verre (de la contenance de deux litres), rempli à moitié de mousse et de terre argilo-siliceuse, laquelle avait été prise dans un étang au-dessous de la terre végétale.

Le 21 juillet, je vis sous la mousse, à la surface de la terre, deux amas d'écume, gros comme une noix, enveloppée de brou. J'en trouvai également deux le 25, deux le 31, un le 6, le 7 et le 13 août. En tout neuf cocons pour deux sangsues.

Mises dans un mélange de terre et de mousse, les autres sangsues, qui étaient moins grosses, posèrent également, mais des cocons plus petits, en moins grand nombre, et à des intervalles plus éloignés.

Aujourd'hui, 15 septembre 1847, dans le moment où j'écris ces lignes, j'ai sous les yeux quarante grands verres, remplis de terre et de mousse, dans chacun desquels j'ai, au commencement de juillet, placé une sangsue vache. Plusieurs de ces verres renferment cinq cocons; mais, je dois le dire, ce nombre de cinq cocons n'a pas été atteint par les sangsues interrompues. Elles n'ont produit qu'un, deux, ou trois cocons, et des cocons très-petits; peut-être cette infériorité provient-elle de ce que les sangsues interrompues que je possédais n'étaient pas très-grosses. Les sangsues de Hongrie ont commencé à poser quinze à vingt-cinq jours plus tard que les grises; leurs cocons sont les plus beaux; ils donnent le jour aux filets les plus gros. J'ai aussi des cocons d'hœmopis; ils ont le volume d'un pois chiche.

Cette grande fécondité de sangsues est une nouvelle considération à ajouter à celles qui doivent encourager les propriétaires d'étangs, ou de marais, à les ensemencer en sangsues. Les faits que je vais exposer ont une signification encore plus favorable.

Il n'est pas vrai que les sangsues aient besoin, pour se reproduire, d'être renfermées dans une grande étendue d'eau. M. Demarquette, de Douai, Micholet, cultivateur de Dompierre (Ain), possèdent des pièces d'eau peu étendues où les sangsues multiplient.

Le 10 juin 1847, je sortis de leur bocal deux sangsues, lesquelles avaient produit neuf cocons pendant le mois de juillet et août 1846. Je les prêtai à un individu pléthorique, et le lendemain, alors qu'elles étaient gorgées de sang, je les plaçai dans un vase rempli de terre et de mousse. Quarante-cinq jours après, je m'aperçus qu'elles avaient commencé à poser : la pose fut de plusieurs cocons ; mais un accident survenu au bocal m'a empêché de savoir au juste quel en a été le chiffre.

Ces sangsues étaient chez moi depuis treize mois ; elles avaient posé un an auparavant ; nul doute qu'elles ne se soient accouplées, qu'elles n'aient conçu dans mes bocaux. Ces bocaux avaient à peu près la contenance de deux litres.

—

De la nutrition des Sangsues.

Les excréments des sangsues donnent une teinte verdâtre à l'eau dans laquelle ils se dissolvent. Cette couleur verte a fait penser que les sangsues sucent la sève des plantes. Cette déduction n'est pas juste. J'ai mis dans de l'eau des sangsues que je possédais depuis dix-huit mois, qui avaient été appliquées et dégorgées plus de douze fois; leurs excréments teignirent l'eau en vert. Les excréments des hœmopis, hirudinées essentiellement carnivores, teignent parfois l'eau en vert. « Les sangsues, dit M. Martin, se fixent aux végétaux; mais on n'a pas jusqu'ici remarqué que les tiges ou les feuilles, sur lesquelles elles ont été trouvées appliquées, eussent été entamées par elles. » J'ai fait dégorger plus de deux cents sangsues, au sortir des étangs, elles n'ont jamais rendu que du sang.

Le sang est-il donc le seul aliment de la sangsue? Est-il donc un aliment nécessaire? La réponse à cette question est dans le résultat d'une de mes expériences.

Le 20 juillet 1846, dans un bocal en verre, de la contenance de deux litres, rempli aux trois quarts de terre argilo-siliceuse et de mousse, je plaçai, savoir :

Deux sangsues grises, lesquelles pesaient réunies, 7 grammes 1 décigramme;

Un couple de sangsues vertes de Hongrie, du poids de 4 grammes 1 décigramme;

Deux sangsues obscures (variété de la sangsue médicinale), lesquelles pesaient ensemble 2 grammes.

Et dans un bocal de même contenance, rempli à moitié d'eau de source, je plaçai :

Deux sangsues grises, du poids de 7 grammes 4 décigrammes;

Deux sangsues vertes, du poids de 4 grammes 1 décigramme;

Deux sangsues noires, du poids de 1 gramme 9 décigrammes.

Le 1er octobre de la même année, c'est-à-dire après deux mois et dix jours, je retirai ces sangsues et j'examinai les changements survenus dans leur volume ou dans leur pesanteur.

Les deux sangsues grises, renfermées dans le premier bocal, dans la terre, avaient perdu 3 décigrammes sur les 7 grammes 1 décigramme, chiffre représentant leur pesanteur antérieure. Les sangsues grises du second bocal avaient diminué de 95 centigrammes.

Les sangsues vertes, du poids de 4 grammes 2 décigrammes, avaient conservé à peu près le même volume, dans l'un ou l'autre bocal. Elles avaient peut-être augmenté de 2 à 3 centigrammes.

Les sangsues noires du premier bocal, celui où il y avait de la terre, avaient gagné 3 décigrammes, tandis que celles du second pesaient 1 gramme de plus.

Ne suis-je pas autorisé à conclure que les jeunes sangsues peuvent puiser dans la terre humide, et surtout dans l'eau, les éléments de leur nutrition? Les résultats de cette expérience sont d'accord avec cette observation des marchands, que les jeunes sangsues augmentent de volume dans les mêmes réservoirs où les grosses diminuent. Elle constate avec une exactitude mathématique que cette croissance des filets pourra être espérée jusqu'au poids de 2 grammes (1).

Il est des plantes auxquelles de la chaleur et de l'humi-

(1) Les petites sangsues vivent dans l'eau de Seine filtrée et s'y développent. (M. Rayer, *Journal de pharmacie*. 1824.)

dité suffisent pour parvenir jusqu'à un certain degré de développement, pour porter des fleurs, mais qui s'arrêtent dans leur croissance, ne fructifient pas, si leurs racines ne trouvent pas dans la terre une nourriture convenable. De même, les sangsues n'ont besoin que d'eau ou d'un air humide pour se développer jusqu'au poids de 2 grammes; mais arrivées à cette grosseur, elles restent stationnaires, elles restent stériles, si elles n'ont pas une nourriture animale.

Les sangsues, pesant au-delà de 3 grammes, ont dépéri dans mes bocaux; des sangsues, vides de sang, n'y ont pas produit des cocons, alors que celles que j'avais gorgées sont devenues fécondes. Les sangsues que j'ai vu poser avaient toutes le canal digestif rempli d'un liquide séro-sanguinolent. Les pêcheurs ont remarqué que les hirudinées multiplient davantage là où le bétail va pâturer.

L'absorption du sang hâte l'accroissement des filets, il est nécessaire au développement des sangsues d'un poids au-dessus de 2 grammes; il est une condition, *sine quâ non*, de la fécondité des sangsues vaches. Mais toute espèce de sang n'est pas également bonne pour les sangsues. Appliquez des sangsues à une personne affectée de gangrène, de charbon, les unes refuseront de piquer, d'autres tomberont mortes avant de s'être gorgées. « Appliquez des sangsues à un homme affecté de fièvre inflammatoire, avec haleine et transpiration fétides, elles mordront avec plus de lenteur et de peine; elles se détacheront plus tôt; il en périra un plus grand nombre, que des sangsues que l'on aura fait mordre à un homme pléthorique, d'ailleurs bien portant (1). » Les sangsues que des industriels peu scrupuleux gorgent avec du sang non récemment tiré sont plus disposées à languir, à périr, que celles qui ont piqué des animaux se trouvant dans les étangs. Ces animaux sont les grenouilles, les lézards d'eau, les poissons, et surtout les bœufs et les chevaux qu'on mène paître dans les étangs.

L'expérience que j'ai citée au commencement de ce chapitre, est susceptible d'un autre enseignement; j'aurai garde de le passer sous silence. Les petites et les grosses sangsues ont augmenté ou diminué plus ou moins de volume, selon qu'elles étaient dans l'eau ou dans la terre : ainsi, leur vitalité, leur mouvement de composition et de décomposition, sont moindres dans la terre que dans l'eau.

(1) *Traité de la Sangsue*, par Vitet.

Des ennemis des Sangsues.

Les hérons, les canards sauvages ou domestiques, les taupes courtilières, et, selon Hedrich, le grylus talpa, mangent les sangsues. M. Martin a ouvert des rats d'eau, des musaraignes, qui contenaient des sangsues dans leur canal digestif. J'ai vu, dans un réservoir, un dystique tenant une jeune sangsue entre ses pattes de devant. M. Demarquette, dont le réservoir est alimenté par les eaux de la Scarpe, m'a écrit avoir observé une crevette qui dévorait une sangsue.

En 1845, j'avais réuni dans le même vase six hœmopis vorax et six filets de sangsues grises, des filets d'un an. Quelques jours après, un des filets manquait; je crus qu'il s'était échappé en passant entre les bords du vase et son couvercle; je remplaçai celui-ci par un linge. Mais plus tard un autre filet disparut, et je trouvai, au fond du bocal, une moitié de son corps couverte de plaies.

Mon attention ayant été éveillée par ce fait, je renfermai des hœmopis avec des filets d'un mois, de six mois, d'un an. Les hœmopis, loin d'en faire leur proie, ne purent, malgré les mouvements les plus variés, se soustraire à leurs morsures. Les mêmes hœmopis auxquels je donnai de la viande l'avalèrent avec voracité. Ils l'avalaient fibre à fibre.

Cependant, ayant lu que MM. Guérin, Mocquin, avaient trouvé des filets dans le canal digestif des hœmopis, je soupçonnais que peut-être ces hirudinées non officinales n'avalaient que des sangsues mortes ou malades. Je renfermai donc dans un vase, avec des hœmopis, des filets malades, des filets morts ou coupés par morceaux. Je les ai toujours trouvés intacts.

Je fus amené à penser que les hœmopis ne dévoraient pas les sangsues. J'avais tort : tant il est vrai qu'en fait d'expérience des résultats négatifs ne sauraient infirmer des faits affirmatifs. En effet, il y a quelques mois, ayant eu besoin de l'un de mes bocaux, lequel renfermait des filets d'un mois, je les versai avec de l'eau dans un vase où se trouvaient des hœmopis. Tout-à-coup je vis qu'un de ces animaux avait saisi un de ces filets par une de ses extrémités; il l'engouffra peu à peu. Les autres hœmopis étaient dans une grande agitation; ils portaient leur bouche en tout sens, et lorsqu'elle rencontrait un filet, ils la promenaient le long de son corps jusqu'à son extrémité; mais les filets, comme s'ils avaient eu conscience du danger, ne détachaient pas leurs ventouses des parois du vase. Les hœmopis finirent par cesser leurs tentatives infructueuses. Deux mois après, le nombre des filets n'avait pas diminué; seulement, ils semblaient n'avoir pas changé de place.

Interpréterai-je mal ces faits, en avançant que les hœmopis dévorent les filets, mais qu'ils ne peuvent les saisir que par surprise, ou lorsqu'ils sont faibles ou malades? Seulement, il est probable que, dans les étangs, les filets, ne trouvant pas un point d'appui aussi solide que les parois d'un bocal, sont facilement entraînés.

Les sangsues servent-elles de nourriture aux poissons? J'avais soumis une carpe à la castration. Pendant son séjour dans un bassin, elle s'était apprivoisée au point de venir prendre ce que je lui jetais. Etait-ce une sangsue? elle se sauvait avec frayeur. J'ai pêché dix tanches et trente carpes dans le réservoir où Micholet possède un grand nombre de sangsues. Leur dissection ne m'a révélé la présence d'aucune sangsue dans leur canal digestif. Les carpes n'avaient dans leur estomac que des substances végétales. Les pêcheurs prétendent que les poissons ne mangent pas les sangsues; ils prétendent même qu'ils font une meilleure pêche dans les marais et les étangs où il y a le plus de poissons.

Les sangsues sucent le sang des poissons, mais il leur est difficile, à raison de l'agilité de ces derniers animaux, de pouvoir s'attacher à leur corps. On a dit que les poissons laissent en suspens dans l'eau des principes animalisés dont les hirudinées se nourrissent. M. Hédrich conseille de faire en sorte que les réservoirs à sangsues aient une prise d'eau dans un étang empoissonné. Il est aussi à présumer que les poissons détruisent des insectes ennemis des sangsues; j'ai trouvé un dystique dans une des tanches que j'ai disséquées.

Des pêcheurs m'ont affirmé avoir vu des grenouilles avaler des sangsues. Le fait ne me surprendrait pas, puisque la grenouille est très-carnivore. Je sais qu'une grenouille, jetée dans un réservoir à sangsues, devient promptement leur victime. La couleur verte de sa peau disparaît sous le nombre des morsures, ce qui a fait croire à M. Martin qu'elle était avalée toute entière. Mais n'est-il pas possible que la grenouille fasse sa proie des sangsues, lorsqu'elle peut agir ainsi, sans danger pour elle-même. Les hœmopis avalent les filets, et parfois ils sont tués par la piqûre de ces annélides. Toutefois je dois dire que j'ai ouvert douze grenouilles sortant du réservoir de Micholet, aucune ne contenait des sangsues. Leur estomac renfermait une foule d'insectes ailés, entr'autres des hannetons. Les grenouilles, si je ne me trompe, ne s'emparent que des insectes qui sont hors de l'eau ou à sa surface. Les sangsues seraient alors rarement à leur portée.

« Lorsque dans un vase rempli de terre on mêle des sangsues malades à celles qui se portent bien, celles-ci les piquent impitoyablement. » Cette assertion de MM. Boulay, Derheims et Charpentier est réelle. Sur des sangsues qui, renfermées dans des vases remplis de terre, venaient mourir à la surface, j'ai remarqué des blessures parfaitement semblables aux piqûres faites à des hœmopis par des filets. Peut-être même est-ce pour éviter la piqûre des autres sangsues que celles qui sont malades ont coutume de sortir de la terre.

Mais ces piqûres sont rares, je ne les ai observées qu'exceptionnellement, et cela seulement sur des sangsues déjà mal portantes, sur des sangsues renfermées dans de la terre. Elles n'ont jamais lieu quand ces animaux se portent bien, quand ils vivent dans l'eau.

« J'ai tenu pendant quarante ans, dit Vitet, dans de grands vases de verre, des sangsues médicinales. Quelque affamées qu'elles fussent, aucune n'a piqué l'autre. » Lorsque des sangsues sont renfermées dans un bocal peu grand, à eau peu souvent renouvelée, leur corps se couvre souvent d'ulcérations. Mais ces ulcérations ne sont pas les suites de piqûres qu'elles se feraient entr'elles. Elles sont les effets d'une maladie interne, d'une espèce d'affection putride. Elles n'ont pas la forme des plaies faites à la peau de l'homme par la piqûre des sangsues ; elles sont précédées par une inflammation profonde, par le soulèvement de l'épiderme. Je les ai observées plus d'une fois sur des sangsues tenues une à une dans des verres dont j'avais oublié de changer l'eau.

Les sangsues bien portantes ne se piquent pas entr'elles,

lors même qu'elles sont de variétés différentes, que les unes sont affamées, les autres gorgées. J'ai placé dans de la terre, dans l'eau, des sangsues de variétés différentes, les unes gorgées, les autres vides de sang; je les ai pesées après plusieurs jours, je ne me suis pas aperçu que les premières aient diminué, que les autres aient augmenté de volume.

Des lieux habités par les Sangsues. — Des étangs les plus favorables à leur reproduction.

Des étangs de la Dombes, les uns contenaient et contiennent encore beaucoup de sangsues, les autres n'en ont jamais contenu. Il existe donc dans les étangs des circonstances de forme, de terrain, d'eau, de végétation, d'aménagement, favorables ou défavorables aux sangsues.

Afin de connaître ces circonstances, lesquelles sont si intéressantes au point de vue de la multiplication des sangsues, j'ai examiné les étangs où la pêche est la plus fructueuse.

J'ai reconnu que ces étangs sont peu profonds, leurs bords sont en pente douce, leurs chaussées sont peu étendues. Ils renferment beaucoup de végétaux, surtout de la brouille. Leur fonds est formé par le terrain blanc (1), non tourbeux. Ils ne sont pas susceptibles de grossir subitement, surtout au mois d'août. On ne les laisse pas en assec pendant deux ans de suite, où une partie de leur surface reste toujours en eau. Le bétail y va pâturer.

Il est facile de se rendre compte de la manière d'agir de la plupart de ces circonstances.

La sangsue en liberté a besoin de chaleur; l'eau des étangs peu profonds s'échauffe plus promptement aux premières chaleurs du printemps.

Pendant l'été, les bords en pente douce deviennent autant de laisses (terrains marécageux) qui, chauffées par les rayons du soleil, reçoivent les cocons des sangsues et hâtent leur éclosion. La végétation y est plus active, et les animaux auxquels les sangsues empruntent les éléments de leur nutrition, s'y développent en quantité plus grande.

Des végétaux nombreux offrent aux sangsues un refuge contre la chaleur et contre leurs ennemis. « Mises en

(1) La dénomination de ce genre de terrain varie selon les contrées; appelé en Dombes *blanche terre*, terrain blanc, il a reçu le nom de *bolbeine* dans le Midi, de *gault*, de terre à bois, dans quelques endroits; c'est le *diluvium* des géologues. (*Traité des Etangs*, par M. Puvis.)

bassin, les sangsues se tiennent pendant l'été préférablement dans les touffes d'herbes (1). » Les végétaux sont encore utiles à la nutrition des sangsues, soit qu'elles se nourrissent de sucs végétaux, soit qu'elles sucent le sang des animaux puisant dans les étangs les éléments de leur alimentation.

« On a peu étudié, dit M. Martin, quelle était la végétation particulière des terrains où l'on rencontre le plus de sangsues. » J'avais projeté de faire une course d'herborisation à travers les étangs de la Dombes, mais les exigences de ma profession m'ont empêché de mettre ce projet à exécution. Je ne suis allé voir que l'étang du *Grand-Rateau*, un des étangs de notre pays qui est encore le plus riche en annélides. MM. Mas et Thévenin, botanistes instruits de Bourg, ont eu l'obligeance de m'y accompagner.

Voici la liste des plantes que nous y avons observées :

Poa fluitans,
Alisma plantago,
Sagittaria sagittifolia,
Juncus uliginosus,
Potamogetum natans,
Scirpus palustris,

(1) *Monographie des Sangsues*, par M. Charpentier.

Villarsia nymphoides,
Peplis portula,
Ranunculus aquatilis,
Spargonium ramosum,
Ranunculus flammula,
Gratiola officinalis.

Ces plantes occupent sur cette liste une place d'autant plus élevée qu'elles nous ont paru être plus nombreuses.

« Le sol tourbeux est trop léger, il se forme à l'état de boue; les sangsues n'aiment pas y pénétrer (1). »

Les sangsues posent leurs cocons plusieurs centimètres au-dessus du niveau de l'eau; une crue considérable, survenant aux époques de la pose, les dérange dans leur travail, fait pourrir les cocons qui sont renfermés dans la terre. Ayant versé de l'eau dans un bocal qui contenait des cocons, je fus à même d'observer que les cocons, lesquels furent atteints par le liquide, se dépouillèrent du tissu spongieux, donnèrent issue, non à des filets, mais à une sérosité rougeâtre.

« En outre, les végétaux, les animaux, croissent plus facilement dans les eaux tranquilles que dans celles renou-

(1) M. Charpentier.

velées et agitées sans cesse par de nouveaux affluents. Le poisson, par exemple, grossit davantage quand, l'étang une fois plein, de nouvelles eaux ne viennent pas s'y mêler (1). »

Si l'on vide un étang pendant le froid, les petites sangsues qui sont au fond de l'eau, barbouillées seulement de terre, périssent par la gelée. Pendant une année de sécheresse, surtout lorsqu'un étang a été labouré profond, les sangsues périssent par la chaleur. Dans un étang mis en assec pendant deux années consécutives, elles meurent de faim.

Lorsqu'un étang n'est pas privé d'eau dans toute son étendue, une partie des sangsues s'y réfugie, et lorsqu'il est mis de nouveau en évolage, elles servent, pour ainsi dire, à son ensemencement. L'étang des Genoux, près Bourg, renferme toujours beaucoup de sangsues; les pêcheurs attribuent cette particularité à ce qu'il a deux cornes qui ne sont jamais desséchées.

Le bétail qui va pâturer dans les étangs est piqué par les sangsues; les petites croissent alors plus vite, les grosses puisent dans le sang les matériaux de la pose.

(1) M. Puvis. *Loco citato.*

A ces notions sur les localités préférées par les sangsues, j'ajouterai que ces animaux quittent parfois les étangs. On rencontre des hirudinées médicinales dans les biefs d'étangs ou fossés d'évacuation. M. Demarquette, dont le réservoir était entretenu par les eaux de la Scarpe, a été obligé de garnir l'orifice de leur canal de sortie par des plaques de fer-blanc, percées de petits trous et garnies de linge. Les filets étaient entraînés par le courant de l'eau. Un pharmacien de Bourg, M. Duclos, qui possédait un réservoir de sangsues, trouva plusieurs fois de ces annélides dans des pièces d'eau situées à la distance de 30 mètres.

Les sangsues ne vivent pas dans les marais à eaux alcalines, ferrugineuses ou sulfureuses.

—

Des Sangsues les plus rustiques et les plus productives.

Quelle est la sangsue la plus rustique ? Cette question a été posée par la Société royale d'Encouragement. Elle a sans doute pour objet de faire connaître les espèces de sangsues avec lesquelles on devrait ensemencer les étangs. Sa solution me paraît devoir varier selon les pays. Ainsi, la sangsue grise est très-nombreuse en Dombes, la sangsue noire ne s'y rencontre qu'exceptionnellement, et toujours en petite quantité. N'est-il pas probable que la première y conviendra mieux pour un essai de multiplication ?

Au mois de septembre 1844, au Greffuet, hameau de Viriat, je plaçai dans une pièce d'eau, vingt sangsues vertes, vingt sangsues grises, vingt sangsues interrompues. L'année suivante, j'ai retrouvé quatorze des premières, seize des secondes, aucune des troisièmes.

Si des expériences semblables donnaient lieu aux mêmes résultats, la sangsue interrompue devrait évidemment ne point être employée à peupler les marais ou les étangs de l'est de la France. Quant à la différence existant entre le chiffre des sangsues grises et celui des vertes, elle est peu considérable; elle peut être regardée comme l'effet du hasard, ou bien être attribuée à ce que les hongroises avaient eu à subir les fatigues d'un long transport.

Un marais, situé à Serrières (Isère), contient des sangsues vertes. Les habitants de Serrières n'y ont remarqué leur existence que depuis douze à treize ans. Elle provient, selon eux, de ce que des marchands de sangsues de Hongrie avaient coutume de s'arrêter dans le pays pour laver leurs fontes, et de laisser leurs sangsues malades dans les fossés touchant au marais.

De la pêche et du commerce des Sangsues.

Les pêcheurs de la Dombes entrent dans l'étang; ils battent l'eau avec un bâton terminé par une demi-rondelle en bois. Les sangsues viennent s'attacher à leurs jambes ou nager à la surface de l'eau.

Au printemps et en automne, le milieu du jour est le moment où les sangsues sont attirées le plus facilement par le bruit de l'eau. Pendant les grandes chaleurs, la pêche est plus abondante dans la matinée et la soirée. Les sangsues se montrent en grande quantité pendant les temps d'orage et de pluie, pendant les temps calmes et lourds, *les temps morts*, selon une expression vulgaire. Un grand vent, surtout celui du nord, est une circonstance défavorable. Les variations atmosphériques ont sur les sangsues une influence vraie, mais difficile à préciser. J'ai connu des pêcheurs qui, ne se confiant pas entièrement à l'observation du temps, ne partaient pour la pêche qu'après avoir constaté la mobilité de sangsues tenues dans un réservoir voisin de leur demeure.

Du 15 mars à la fin d'avril, les pêcheurs ne prennent guère que de grosses sangsues, des vaches. Les petites et les moyennes apparaissent à partir du mois de mai; seulement c'est aux mois de juillet et d'août qu'on recueille le plus grand nombre de ces dernières. Les grosses sangsues disparaissent pendant le mois de juillet et au commencement d'août; contenant alors les matériaux de la pose, elles sont lourdes et paresseuses. Elles reparaissent à la fin d'août, pour s'enterrer de nouveau dans le courant de septembre. Les petites et les moyennes rentrent en terre à peu près à la même époque.

Passé cette date, il est encore un moment où la pêche est abondante; c'est après la récolte de l'avoine, lorsque les étangs en assec commencent à se remplir d'eau. L'eau se rassemble d'abord dans la pêcherie, c'est la partie la plus profonde de l'étang, celle qui est restée le plus long-temps humide pendant l'assec. Les sangsues s'y sont réfugiées en grand nombre, et dans un espace peu étendu. A la venue de l'eau, elles se hâtent de sortir de terre pour chercher à se dédommager de leur abstinence prolongée. Elles deviennent la proie des pêcheurs, qui ruinent ainsi l'avenir de l'étang en enlevant les sangsues qui l'auraient repeuplé.

Les pêcheurs de la Dombes vendent aux pharmaciens du département les sangsues qui pèsent plus d'un gramme. Ils débitent eux-mêmes les filets dont l'emploi, si ce n'est chez les enfants, n'a qu'une action illusoire. Quelques-uns vendent tout le produit de leur pêche à des marchands qui donnent aux filets un volume factice en les gorgeant de sang, ou bien les tiennent dans des réservoirs jusqu'à ce qu'ils soient devenus plus gros.

Le commerce a établi parmi les sangsues plusieurs distinctions relatives à leur volume ; car leur prix est différent selon leur plus ou moins de grosseur. On désigne sous le nom de :

Filets, les sangsues pesant de 5 décigrammes à 75 centigrammes ;

Petites moyennes, celles pesant de 75 centigrammes à 1 gramme 25 centigrammes ;

Grosses moyennes, celles de 1 gramme 25 centigrammes à 3 grammes ;

Grosses, celles du poids de 3 grammes et au-dessus.

Par le gorgement artificiel, on change la qualité des sangsues ; on donne aux filets le volume factice et la valeur apparente des moyennes ; des moyennes on en fait des grosses.

Cette fraude est très-coupable. Non seulement elle permet de réaliser un gain illicite, mais elle est encore susceptible des conséquences les plus graves. « Elle peut, dit M. Chevalier, aller jusqu'à amener la mort des malades ; car dans certaines maladies où il faut obtenir beaucoup de sang, si on n'en obtient peu ou point, la mort peut s'en suivre (1). » Des sangsues gorgées ne sucent pas autant de sang que des

(1) *Gazette des Tribunaux*. — 15 juillet 1847.

sangsues vides; elles ne remplissent qu'imparfaitement le but que veut atteindre le médecin.

C'est sans doute à raison des dangers qu'entraîne l'usage des sangsues qui ne sont pas vides de sang, que la police de Paris saisit et confisque celles qui sont mises en vente. Le 15 juillet 1847, le tribunal correctionnel de Paris a condamné à six mois de prison des marchands qui avaient vendu des sangsues gorgées.

Les débats de cette affaire suffiraient pour révéler combien l'ignorance est grande et générale sur tout ce qui concerne les sangsues. Des experts, choisis parmi les professeurs de l'Ecole de médecine et de pharmacie, des hommes renommés à juste titre par leur savoir, ont émis sur les sangsues les opinions les plus contradictoires. Les uns affirmaient que les sangsues sont presque toutes remplies de sang au sortir des étangs, que les sangsues gorgées sont dures au toucher; d'autres soutenaient, au contraire, que ces animaux ne contiennent jamais du sang à leur sortie des étangs, que gorgés ils sont mous au toucher. J'ai pensé qu'il appartenait à l'expérimentation de prononcer entre des assertions si dissemblables.

En deux jours différents, le 10 juillet et le 15 août, j'ai reçu cent sangsues qui venaient seulement d'être pêchées. Je les ai soumises à l'épreuve du dégorgement par la pression, et à la différence qui existait dans le poids de chacune avant et après la pression, j'ai reconnu quelle était la quantité du sang contenu dans le canal digestif de celles qui étaient gorgées. Je consignerai ici les données fournies par cette expérience, elles serviront à déterminer au-delà de quel degré de gorgement la sangsue cesse d'être *loyale* et *marchande*.

Je diviserai en plusieurs catégories les sangsues auxquelles j'ai fait subir l'épreuve du dégorgement.

PREMIÈRE CATÉGORIE.

Sangsues d'un poids au-dessous de 1 gramme 25 centigrammes.

	Poids de chaque sangsue.			Poids du sang qu'elle contenait.	
Nos 1.	— 1 gram.	2 décigr.	. . .	0 gram.	0 centigr.
2.	— 0	6	. . .	0	15
3.	— 1	2	. . .	0	0
4.	— 1	2	. . .	0	0
5.	— 1	3	. . .	0	0
6.	— 1	2	. . .	0	0
7.	— 0	9	. . .	0	0
8.	— 1	0	. . .	0	0
9.	— 1	1	. . .	0	20
10.	— 1	0	. . .	0	0
11.	— 0	7	. . .	0	0
12.	— 1	3	. . .	0	0
13.	— 0	9	. . .	0	10

Poids de chaque sangsue.				Poids du sang qu'elle contenait.	
Nos 14.	— 1 gram.	3 décigr.	. . .	0 gram.	0 centigr.
15.	— 0	8	. . .	0	0
	16	1	. . .	0	45

DEUXIÈME CATÉGORIE.

Sangsues pesant de 1 gramme 25 centigrammes à 3 grammes.

Poids de chaque sangsue.				Poids du sang qu'elle contenait.	
Nos 1.	— 2 gram.	1 décigr.	. . .	0 gram.	0 décigr.
2.	— 1	7	. . .	0	3
3.	— 2	5	. . .	0	6
4.	— 2	0	. . .	0	0
5.	— 1	5	. . .	0	0
6.	— 2	0	. . .	0	0
7.	— 3	0	. . .	0	4
8.	— 3	0	. . .	0	5
9.	— 2	0	. . .	0	5
10.	— 2	7	. . .	0	0
11.	— 3	0	. . .	0	0
12.	— 2	8	. . .	0	0
13.	— 2	8	. . .	0	1
14.	— 1	9	. . .	0	0
15.	— 2	7	. . .	4	4

Poids de chaque sangsue.			Poids du sang qu'elle contenait.	
Nos 16.	— 1 gram.	7 décigr. . . .	0 gram.	0 décigr.
17.	— 2	1 . . .	0	0
18.	— 2	6 . . .	0	2
19.	— 2	8 . . .	0	8
20.	— 1	9 . . .	0	0
21.	— 1	8 . . .	0	0
22.	— 2	4 . . .	0	0
23.	— 2	0 . . .	0	0
24.	— 1	5 . . .	0	1
25.	— 2	1 . . .	0	3
26.	— 2	2 . . .	0	2
27.	— 2	2 . . .	0	2
28.	— 2	9 . . .	0	2
29.	— 2	9 . . .	0	8
30.	— 2	4 . . .	0	0
31.	— 1	6 . . .	0	0
32.	— 2	8 . . .	0	0
	73	9 . . .	5	4

TROISIÈME CATÉGORIE.

Sangsues du poids de 3 à 5 grammes.

	Poids de chaque sangsue.		Poids du sang qu'elle contenait.	
Nos 1.	— 4 gram.	5 décigr.	. . . 0 gram.	0 décigr.
2.	— 3	3	. . . 0	0
3.	— 3	8	. . . 1	1
4.	— 3	5	. . . 0	0
5.	— 3	3	. . . 0	0
6.	— 4	0	. . . 0	7
7.	— 3	2	. . . 0	4
8.	— 3	2	. . . 0	0
9.	— 3	4	. . . 0	1
10.	— 3	6	. . . 0	1
11.	— 3	3	. . . 0	4
12.	— 3	5	. . . 0	9
13.	— 2	4	. . . 0	3
14.	— 4	7	. . . 0	0
15.	— 3	4	. . . 0	5
16.	— 5	0	. . . 1	4
17.	— 3	5	. . . 0	5
18.	— 4	7	. . . 0	1
19.	— 4	6	. . . 0	0
20.	— 4	0	. . . 1	0

Poids de chaque sangsue.				Poids du sang qu'elle contenait.	
Nos 21.	— 3 gram.	1 décigr.	. . .	0 gram.	4 décigr.
22.	— 3	7	. . .	0	4
23.	— 3	6	. . .	0	0
24.	— 3	1	. . .	0	5
25.	— 4	1	. . .	1	1
26.	— 4	2	. . .	1	0
27.	— 3	0	. . .	0	0
28.	— 4	6	. . .	0	8
29.	— 4	1	. . .	0	0
	108	4	. . .	11	7

QUATRIÈME CATÉGORIE.

Sangsues pesant au-delà de 5 grammes.

Poids de chaque sangsue.				Poids du sang qu'elle contenait.	
Nos 1.	— 8 gram.	0 décigr.	. . .	0 gram.	0 décigr.
2.	— 10	5	. . .	4	5
3.	— 9	0	. . .	0	0
4.	— 8	0	. . .	0	0
5.	— 9	5	. . .	0	0
6.	— 7	3	. . .	2	0
7.	— 6	3	. . .	2	2
8.	— 6	5	. . .	1	3

Poids de chaque sangsue.			Poids du sang qu'elle contenait.	
Nos 9.	— 7 gram.	0 décigr.	... 0 gram.	0 décigr.
10.	— 5	0	... 1	5
11.	— 5	0	... 1	0
12.	— 6	0	... 0	5
13.	— 12	0	... 0	0
14.	— 6	5	... 2	5
15.	— 6	6	... 1	5
16.	— 9	7	... 1	4
17.	— 7	5	... 2	1
18.	— 5	4	... 0	0
19.	— 6	5	... 2	0
20.	— 8	1	... 1	6
21.	— 9	0	... 0	0
22.	— 6	1	... 1	5
	165	5	... 24	6

Ainsi, de quinze sangsues d'un poids inférieur à celui de 1 gramme 25 centigrammes, c'est-à-dire de quinze sangsues petites moyennes, trois seulement contenaient du sang, et cela en quantité presque inappréciable.

De trente-deux sangsues dites moyennes, pesant de 1 gramme 25 centigrammes à 3 grammes, dix-huit étaient vides. Parmi les quatorze autres sangsues, une seule (la 29me) contenait une quantité de sang égale au tiers de son poids ; trois (les 2me, 9me, 19me) en contenaient l'équivalent du quart de leur poids; deux, un sixième; une, un septième. Si j'additionne, d'une part, les chiffres représentant le poids des sangsues, d'autre part, ceux représentant le poids du sang qu'elles contenaient, j'obtiens 73 grammes 9 décigrammes, puis 5 grammes 4 décigrammes. Le premier chiffre est au premier à-peu-près comme 1 est à 13 1/2. *Ces trente-deux sangsues moyennes ne contenaient pas une quantité de sang égale au treizième de leur poids.*

Des sangsues pesant de 3 à 5 grammes, onze contenaient du sang. Deux (les 3me et 16me) en renfermaient près d'un tiers; trois (les 20me, 25me et 26me) en renfermaient un quart.

Le chiffre total de ces sangsues était de 108 grammes 4 décigrammes; celui du sang, de 11 grammes 7 décigrammes. En divisant le premier chiffre par le second, je trouve que *ces sangsues avaient dans leurs estomacs une quantité de sang un peu inférieure au dixième du poids de leur corps.*

Parmi les sangsues vaches, pesant au-delà de 5 grammes, huit étaient vides. Des quatorze sangsues gorgées, une contenait une quantité de sang approchant de la moitié de son poids; trois en contenaient un peu plus du tiers, deux près du quart. *Somme toute, le poids du sang était à celui des sangsues comme* **1** *est à* **6 2/3**.

En réunissant toutes les sangsues du poids de 2 à 4 grammes, je trouve que près d'un dixième de leur poids était déterminé par le sang qu'elles contenaient.

J'insisterai sur ce point remarquable, qu'à l'exception de trois sangsues vaches, *aucune ne renfermait une quantité de sang égale à un tiers de son poids*, tandis que les sangsues gorgées, saisies par la police de Paris, en contenaient jusqu'à 68/100.

Cependant les sangsues que l'on trouve dans le commerce ont presque toujours passé un, deux ou trois mois dans les dépôts ou dans les réservoirs; elles ont eu le temps de perdre une partie du sang qui était dans leur estomac à leur sortie des marais.

Celles que j'ai examinées l'ont été de suite après la pêche. Elles avaient, je dois le dire aussi, été recueillies aux mois de juillet et d'août, mois pendant lesquels les sangsues des étangs renferment le plus de sang.

Le dégorgement est-il le seul moyen de reconnaître si une sangsue est à l'état de vacuité ou de plénitude? Est-il le seul qui permette de savoir quelle quantité de sang renferme une sangsue gorgée? Il est un autre moyen simple, facile, lequel n'a pas encore été indiqué. C'est vraiment chose curieuse comment les procédés les plus simples sont souvent ceux auxquels on songe le plus tard!

Saisissez une sangsue par son extrémité postérieure avec le pouce et l'indicateur de la main gauche ; puis, avec le pouce et l'indicateur de l'autre main, pressez-la d'arrière en avant. La sangsue est-elle vide? ces deux derniers doigts glisseront sur la peau lisse et humide de l'animal, ils arriveront jusqu'à la ventouse buccale sans rencontrer d'autre obstacle, d'autre gonflement, que celui formé par les organes génitaux. Dans le cas contraire, le sang sera porté en avant et il formera une espèce de tumeur qui arrêtera les doigts avant qu'ils soient arrivés à la ventouse buccale. Non seulement cette tumeur indiquera que la sangsue est gorgée, puisque les sangsues ne contiennent jamais d'autres substances que du sang, mais encore, pour peu qu'on se soit exercé, elle mettra à même d'apprécier, à quelques gouttes près, quelle est la quantité du sang contenu.

Cette méthode fournit des données presque aussi précises que celles obtenues par le dégorgement. Elle est plus prompte, et présente cet avantage de ne pas nuire à la sangsue.

« Les sangsues gorgées, a dit M. Martin, sont paresseuses, elles restent au fond des capacités qui les contiennent; elles s'allongent moins et ont des anneaux plus distans. En les saisissant des deux mains et en faisant fléchir le corps à angle droit vers la partie moyenne; de plus, en pressant légèrement les deux moitiés vers le coude de courbure, on aperçoit, à travers la peau distendue, un reflet d'un bleu rougeâtre. » Ces caractères sont loin d'être constans, ils n'offrent aucune certitude (1).

M. Vauquelin a cru sentir, sur des sangsues gorgées, rouler, à travers la peau, des caillots de sang en grumeaux. Les tumeurs que M. Vauquelin a prises pour des caillots de sang étaient formées par le gonflement des estomacs. Je n'ai jamais vu du sang coagulé dans le canal digestif des sangsues médicinales, même chez celles qui avaient eu à sucer du sang en caillot.

J'ai exposé les observations que j'ai recueillies sur l'histoire naturelle des sangsues; je les ai exposées sans y ajouter aucun commentaire. Il me reste à les interpréter, à leur demander des enseignements : 1° sur les moyens à employer pour parvenir à faire multiplier ces animaux; 2° sur les lois à créer pour empêcher l'épuisement des marais et des étangs.

(1) Lorsqu'une sangsue contient une certaine quantité de sang, si on la saisit avec deux doigts d'une main, et si on la presse brusquement avec deux doigts de l'autre main, on perçoit le mouvement du liquide auquel les chirurgiens donnent le nom de fluctuation.

De la multiplication des Sangsues en captivité.

Avant d'indiquer la marche à suivre pour parvenir à multiplier les sangsues, n'est-il pas à propos de prouver qu'une entreprise de multiplication, faite dans des conditions convenables, serait une opération très-avantageuse?

Nous avons vu que chaque sangsue vache fait au moins cinq cocons par an (page 13); que chaque cocon donne le jour de six à vingt-quatre filets; que les filets parviennent, avant la fin de la deuxième année, au volume des sangsues dites moyennes; qu'ils parviennent à cette grosseur sans avoir sucé du sang, sans avoir été tenus dans une vaste étendue d'eau (pages 9, 11, 17). Nous avons vu encore qu'un séjour dans un grand espace n'était pas une condition nécessaire pour l'accouplement, la fécondation et la pose des sangsues (page 15).

Eh bien! supposons que j'ensemence un étang d'un hectare avec sept cents sangsues vaches, soit sept sangsues par are (un are est un espace immense comparativement à la contenance de mes bocaux). Supposons que chacune de ces sangsues ne produise que vingt-un filets. Supposons enfin que les deux tiers de ces filets périssent avant la troisième année, j'ai fait le champ large aux chances d'infécondité comme aux causes de perte, je n'en aurai pas moins, après deux ans, un produit annuel de 49 mille sangsues moyennes, lesquelles, vendues au prix de 22 francs le cent, donnent 1,078 francs. Un étang de la Dombes rapporte rarement au-delà de 45 francs l'hectare. Et les étangs qui conviennent le mieux aux sangsues sont justement ceux où les poissons sont d'un moindre produit, les étangs marécageux et peu profonds appelés grenouillats.

De ces 1,078 francs, il faut déduire, il est vrai, les frais de pêche, d'entretien, d'ensemencement et de garde. Les premiers frais, ceux de pêche et d'entretien, sont presque nuls; ceux d'ensemencement, une fois faits, n'auront pas besoin d'être renouvelés, si ce n'est en partie pendant les cinq premières années. Plus tard, les sangsues ayant échappé à la pêche remplaceront les sangsues vaches qui auront péri. Les frais de garde seront les plus considérables; à eux seuls, ils rendraient dispendieux un essai fait dans un petit étang. Mais ces frais ne croissent pas, comme le produit, à raison de l'étendue de l'étang; ils seront presque nuls dans un étang de 20 à 50 hectares (1).

(1) Une note, que j'avais publiée en 1843 dans le *Journal de la Société royale d'Emulation de l'Ain*, avait fait comprendre à quelques habitants de la Dombes, qu'ils auraient avantage à consacrer un étang à la multiplication des sangsues. Je fus invité à une réunion de propriétaires d'étangs; on se sépara sans rien décider. Ces messieurs voulaient ensemencer un étang de trois hectares, je leur fis observer que le paiement du garde absorberait presque la valeur des sangsues qu'on

Abordons un autre ordre de preuves.

Je ne citerai pas l'essai de multiplication opéré à Douai par M. Demarquette, quoique sa réussite me paraisse évidente (1); je n'accorderai pas une plus grande importance au succès obtenu par Micholet, cultivateur de Dompierre (Ain) (2). Au lieu de m'appuyer sur ces faits exceptionnels,

recueillerait. Quand, à mon tour, je leur parlais d'un étang très-grand, ils furent effrayés par le coût de l'ensemencement, par la perte, en cas d'insuccès, de plusieurs années de rapport.

Depuis, j'ai voulu tenter moi-même la spéculation, mais je n'ai pas été assez heureux pour trouver autour de ma résidence, autour de Bourg, un étang dont l'assec, l'évolage, le pâturage, n'appartinssent pas à plusieurs personnes.

(1) M. Demarquette a fait avec succès ce qu'on avait inutilement essayé jusqu'à ce jour dans plusieurs localités : des sangsues naissent et se multiplient dans un immense bassin qu'il leur a fait creuser; et depuis plusieurs années que ces bassins existent, il en est né des milliers que l'œil peut à peine suivre dans leurs évolutions à la surface de l'eau. (*Journal de la Scarpe* du 31 août 1843.)

(2) A la fin d'octobre de 1838, Micholet jeta soixante sangsues vaches dans un grenouillat, petit étang de 15 à 20 ares, situé à la porte de sa maison. Ces animaux s'y sont multipliés à tel point qu'en 1845 il en avait vendu plusieurs milliers. Encouragé par ce produit, il a doublé l'étendue de son réservoir. En 1846, j'ai recueilli des cocons sur ses bords, ce qui ne laisse aucun doute sur la reproduction des sangsues. J'y ai observé des filets de sangsues vertes ; Micholet y avait mis, en 1841, plusieurs individus vaches de cette variété de sangsues.

dont la réalité n'est connue que de quelques personnes, je préfère rappeler la grande quantité de sangsues qui peuplaient autrefois les étangs de la Dombes. Les sangsues étaient si nombreuses, dans certains étangs de ce pays, que le bétail refusait d'y aller pâturer. Les paysans, en y mettant rouir leur chanvre, étaient obligés, pour éviter les piqûres, de revêtir des pantalons à sous-pieds. Bien plus, des propriétaires semaient du sel dans leurs étangs dans le but de faire périr les sangsues qu'ils accusaient de nuire aux poissons (1). Il y a trente ans qu'à Bourg le mille de sangsues se vendait 5 francs, au lieu de 225 ou de 250 francs, prix actuel. « Notre état est ruiné, me dit souvent un pêcheur de la Dombes ; lorsque je commençai à pêcher les sangsues, nous ne prenions que les grosses; nous ne les vendions que 50 centimes le cent, et pourtant nous faisions de bien meilleures affaires que maintenant. »

Cette grande quantité de sangsues, laquelle existait dans les étangs avant qu'on y eût pêché sans mesure, est à mes yeux un fait de haute portée. En effet, si les sangsues croissaient, multipliaient naturellement dans quelques étangs, à plus forte raison se multiplieraient-elles dans les mêmes étangs ou dans les étangs semblables, où l'on aurait réuni toutes les circonstances qui leur sont favorables, dont on aurait éloigné toutes les circonstances qui

(1) Vitet, page 228.

leur sont nuisibles. Ce sont ces circonstances que j'ai pris à tâche de faire connaître.

Un étang, destiné à être ensemencé en sangsues, devra être peu profond, à bords inclinés, préférablement de terrain argilo-siliceux. Il devra contenir beaucoup de végétaux et surtout de brouille. C'est dans de tels étangs que les sangsues se rencontrent en plus grande abondance.

Il ne devra pas être très-rapproché d'une autre pièce d'eau, n'en être séparé que par une chaussée : les sangsues pourraient changer de lieu d'habitation. Il ne devra point être traversé par un ruisseau, laisser échapper une grande quantité d'eau, les filets seraient entraînés au dehors.

Qu'il ne soit point sujet à des crues subites pendant la belle saison, surtout au mois d'août, au moment où les sangsues viennent de poser en plus grande quantité. La création d'une rivière de ceinture préviendrait cet accident.

Les sangsues sont la proie de plusieurs animaux dont la destruction est une mesure essentielle. La personne préposée à la garde d'un étang aura donc soin d'en éloigner les canards domestiques, de faire la guerre aux canards sauvages, aux hérons, aux plongeons, aux rats d'eau, au grylus talpa, aux musaraignes, aux taupes. Elle cherchera à détruire les hœmopis et les dystiques.

Une nourriture animale hâte la croissance des filets ; elle est nécessaire à leur entier développement, comme à la fécondité des sangsues vaches. « En même temps que l'on détruira les animaux nuisibles aux sangsues, il faudra, dit M. Martin, multiplier ceux qui leur servent de proie. » Ces animaux sont principalement les lézards d'eau et les grenouilles. Qu'à l'exemple de M. Hedrich, on fournisse un réservoir de lézards, je le comprends ; mais dans un grand étang le lézard sera une ressource peu importante. Une seule piqûre de sangsue suffit, ainsi que j'en ai été témoin, pour faire mourir cet animal. Plus grosse, plus vivace, et surtout d'une grande fécondité, la grenouille serait une ressource plus précieuse, s'il n'est pas vrai qu'elle mange les filets. C'est là une question qu'il importe de résoudre ; en attendant, une réserve prudente est convenable.

Les vaches et les chevaux qui vont pâturer dans les étangs offrent aux sangsues une nourriture abondante ; malheureusement, ces animaux refuseront probablement d'entrer dans un étang ensemencé en sangsues. Les propriétaires craindraient eux-mêmes, avec raison, pour leurs bestiaux les suites de piqûres multipliées. J'avais loué un étang près Bourg ; un fermier qui avait le droit d'y faire pâturer s'opposa à l'ensemencement en sangsues.

En l'absence du bétail, pourra-t-on nourrir les sangsues en jetant dans les étangs des vessies pleines de sang, des foies d'animaux récemment tués ? J'ai mis dans mes bocaux des foies de bœuf encore sanglants, des vessies pleines de sang récent, les sangsues n'augmentèrent pas de pesanteur. Elles se gorgeaient, au contraire, lorsque j'y mettais des caillots de sang (1). Des caillots de sang, semés dans les étangs, serviront d'aliments aux sangsues; seulement on devra ne point y avoir recours aux époques des grandes chaleurs, crainte qu'ils ne se corrompent avant d'avoir été absorbés.

Le gardien de l'étang, et peut-être d'autres personnes, seront employés, par moment, à recueillir toutes les sangsues affamées, celles qui viendront au battement de l'eau (2). On les fera gorger en les mettant dans un vase plein de sang, et on les rejettera ensuite dans l'étang. Que ce conseil ne soit pas blâmé *à priori;* son exécution sera facile, peu dispendieuse, et fertile en résultats heureux. Autrefois les pêcheurs de la Dombes prenaient chaque jour plusieurs centaines de sangsues, et cela dans des étangs non aménagés en vue de la multiplication de ces annélides. Cette pêche serait d'ailleurs susceptible d'un autre résultat, les sangsues de 2 à 4 grammes seraient gardées pour être livrées au commerce.

(1) Un caillot de sang reste long-temps dans l'eau sans se dissoudre; si on le traîne au fond de l'eau avant de le laisser en place, des molécules sanguins s'en détachent et marquent son passage. La sangsue qui rencontre cette trace sanguine la suit jusqu'à ce qu'elle arrive au caillot. On dirait qu'elle la suit à l'aide de l'odorat.

(2) Bien entendu que je ne parle pas ici des filets.

Le sang sera récent; putréfié, il serait refusé par les sangsues, ou bien il les rendrait malades.

Que les poissons soient piqués par les sangsues, qu'ils détruisent des insectes ennemis, ou par toute autre raison, les sangsues profitent mieux dans les étangs empoissonnés (1). On devra donc mettre des poissons dans les étangs ensemencés en sangsues, seulement il serait à désirer que l'on eût une prise d'eau dans un étang supérieur. Elle permettrait, lorsqu'on aurait vidé un étang pour prendre le poisson, de le remplir en quelques jours. La mise en assec ne devrait pas avoir lieu par un temps très-froid, il serait à craindre que les filets qui sont à la surface du sol, embarbouillés de vase, mourussent victimes de la gelée.

Lorsqu'un étang est en assec, les sangsues posent très-peu de cocons, leur développement est plus lent; un grand nombre meurt s'il survient une sécheresse. Que l'étang consacré à la multiplication des sangsues soit toujours en assec. La perte d'une récolte d'avoine n'est pas à comparer à celle résultant de la diminution des cocons, de la lenteur du développement des sangsues, de la mortalité pendant

(1) J'avoue que je n'ai pas entière confiance en l'innocuité des tanches et des brochets. Et à moins de circonstances nouvelles, quand j'aurai un étang à ma disposition, je n'y mettrai pas de tanches, j'y mettrai peu de brochets. Le brochet sert dans l'empoissonnage d'un étang à empêcher les tanches et les carpes de pulluler. Trop nombreux, ces poissons se nuisent mutuellement; ils ne grossissent pas.

une année de sécheresse. L'étang du Grand-Ratel fut laissé en eau depuis 1825 jusqu'en 1835; dans les dernières années, on y prit un nombre immense de sangsues. Quinze, vingt, trente pêcheurs s'y sont parfois trouvés réunis; et les jours favorables à la pêche, chacun rapportait plus de deux cents sangsues. Il a été cultivé pendant deux ans de suite; c'est maintenant une mine épuisée.

Avec quelle variété de sangsues faut-il essayer de peupler un étang? Inutile de dire qu'on ne doit pas se servir de la sangsue bâtarde, laquelle est de qualité très-inférieure. Je porterai le même jugement sur les sangsues noires; elles sont toujours peu nombreuses, même dans les étangs où elles sont seules. Leur ressemblance avec les hœmopis en rend la vente difficile. La sangsue interrompue est plus petite que les sangsues officinales et médicinales; elle n'absorbe pas, relativement à son poids, autant de sang que la première; elle me paraît s'acclimater moins facilement dans l'est de la France. La sangsue médicinale est d'un volume plus grand que l'interrompue; elle est très-rustique, mais elle est moins grosse que l'officinale; elle absorbe moins de sang à poids égal. La sangsue de Hongrie est la meilleure des hirudinées, ses filets sont plus gros en sortant du cocon; j'ai lieu de penser qu'elle s'acclimate facilement. Qu'elle soit préférée dans les lieux où elle existe naturellement. Je conseillerai, dans les pays où elle ne se trouve pas, d'ensemencer les étangs, moitié avec des sangsues indigènes, moitié avec des sangsues vertes; si ces dernières prospèrent, multiplient également, on supprimera peu à peu l'autre variété. Les sangsues d'espèces différentes ne se tuent pas entr'elles.

Dans les pays dont la sangsue verte n'est pas originaire, l'ensemencement d'un étang avec cette sangsue présente encore un avantage. Toutes les sangsues vertes vendues par les pêcheurs seraient manifestement le produit d'un vol. J'avais déposé des sangsues grises, vertes, interrompues, dans une pièce d'eau située à Saint-Denis; cette année une femme de la campagne est venue m'apporter des hirudinées de ces différentes variétés, je soupçonnai qu'elles provenaient de mon réservoir. Ses réponses à mes questions confirmèrent mes soupçons.

L'étang peuplé en sangsues sera gardé avec beaucoup de soins, surtout pendant les temps calmes, lourds, chauds; dans la journée en automne et au printemps; le matin, le soir et la nuit durant les grandes chaleurs. Si des bestiaux y vont pâturer, on veillera à ce que ces animaux n'emportent pas, en sortant de l'eau, les sangsues attachées à leur peau.

Les hôpitaux ont coutume de rejeter comme inutiles les sangsues ayant été appliquées. Le sieur Chaine a adressé au conseil d'administration des hôpitaux de Lyon une proposition tendant à obtenir que les sangsues ayant servi dans les établissements lui fussent livrées à un prix restreint. Son intention était de les placer dans les étangs, soit pour les faire dégorger et les revendre ensuite, soit pour les faire multiplier. Consultée par l'administration des hôpitaux, la Société royale de Médecine de Lyon a émis une opinion favorable à la demande du sieur Chaine (1).

Y aurait-il donc économie, si on était rapproché d'une grande ville, à ensemencer un étang avec des sangsues gorgées? Je ne le crois pas. Les sangsues dont on se sert dans les hôpitaux n'ont pas plus de deux à trois ans. Elles n'ont pas atteint l'âge de la reproduction; le rapport de l'étang serait retardé de plusieurs années. En outre, si elles n'avaient pas été dégorgées, il est probable que celles qui auraient été appliquées à des malades ayant le sang altéré, succomberaient en grande partie. Il en serait de même de celles qui, ayant été dégorgées, l'auraient été par une main malhabile.

En dehors des conseils que j'ai donnés, il existe sans doute encore des soins, des précautions, qui contribueraient à la réussite d'un essai de multiplication, le rendraient plus productif; le temps et l'observation les feront connaître.

(1) *Rapport à la Société de Médecine de Lyon*, par M. Davallon. (*Journal de Médecine de Lyon*. — 1846.)

Des lois à créer sur la pêche et le commerce des Sangsues.

La cause la plus grande de l'épuisement des étangs est une pêche faite sans mesure et sans prévision de l'avenir. A peine les premières chaleurs du printemps ont-elles fait sortir les hirudinées de leur engourdissement hivernal, qu'une foule de gens font irruption dans les pays d'étangs. Les sangsues sont pourchassées de toutes parts, qu'elles soient très-petites, qu'elles soient propres à procréer une nouvelle génération, aucune n'est épargnée.

M. le Ministre du commerce avait manifesté l'intention de mettre fin à ces abus, par la création de nouvelles lois. Il est à regretter qu'il n'ait pas donné suite à ce projet.

M. le Ministre voulait interdire la pêche des sangsues pendant une partie de l'année. Cette interdiction serait utile. Seulement le moment proposé par le Ministre, celui de la pose, n'est pas bien choisi. Pendant la pose, les sangsues vaches ne viennent pas au bruit de l'eau, les pêcheurs ne prennent guère que des petites et des moyennes. Mieux vaudrait défendre la pêche aux mois de mars, avril et au commencement de mai, époques auxquelles on recueille le plus grand nombre de sangsues vaches.

La pêche devrait principalement être interdite, aux mois de septembre et d'octobre, dans les étangs qui commencent à être mis en eau. Les pêcheurs y trouvent alors, dans un espace limité, la plus grande partie des sangsues destinées à servir à l'ensemencement de l'étang.

La loi qui défendrait la vente en détail des sangsues vaches, des sangsues au-dessous du poids de 1 gramme 5 décigrammes, aurait également de bons résultats. La vente en gros devrait rester libre. Les propriétaires seraient dans l'impossibilité de peupler un étang, s'ils n'avaient pas la faculté de se procurer des sangsues vaches. Et il n'y aurait aucun inconvénient à ce que les marchands achetassent des filets; ne pouvant pas les vendre aux consommateurs, ils auront intérêt à les mettre dans des réservoirs jusqu'à ce qu'ils soient parvenus au poids de 1 gramme 5 décigrammes. Cette opération n'exige aucun soin particulier (1).

Quelques marchands cependant seraient assez peu scrupuleux pour élever, par le gorgement artificiel, le poids des filets et des petites moyennes à celui des grosses moyennes. Aussi toute série de sangsues, dont plus de la moitié contiendrait du sang, celles qui réunies en contiendraient plus d'un dixième de leur poids, devront être saisies.

(1) L'article de la loi qui interdira la vente en détail des sangsues vaches et des filets ne sera exécutable que dans le cas où les pharmaciens auront seuls le droit de détailler des sangsues. Autrement les pêcheurs continueront à colporter dans les campagnes les sangsues vaches et celles qui n'auront pas la grosseur voulue.

M. Martin a écrit qu'un huitième de sang ne devra pas faire considérer comme non *marchandes* les sangsues moyennes, et qu'un sixième devrait être toléré pour les grosses. Je crois que c'est trop accorder à la fraude. Parmi les sangsues moyennes que j'ai fait dégorger au sortir de l'étang, plus de la moitié ne renfermait pas du sang, et en somme elles n'en contenaient pas un treizième. Encore ces sangsues, je le répète, sortaient seulement de l'étang; elles avaient été pêchées à l'époque où les sangsues sont le plus gorgées. Ce sera faire acte de grande tolérance d'accorder un dixième pour les moyennes, un huitième pour les grosses. Mais plus de rigueur aurait peu d'utilité. La quantité de sang tolérée dans les sangsues ne permettra pas aux marchands de trouver un grand profit dans le gorgement artificiel. Ils cesseront d'avoir recours à cette manœuvre frauduleuse.

J'ai supposé dans les calculs qui précèdent, que le poids du sang trouvé dans les sangsues serait réparti et sur celles qui en contiennent, et sur celles qui n'en contiennent pas. On commettrait une erreur en jugeant que des sangsues sont *déloyales* par cela que plusieurs d'entr'elles contiennent une quantité de sang supérieure au huitième de leur poids. Parmi les sangsues que j'ai fait dégorger, quelques-unes renfermaient une quantité de sang égale au tiers, et même à la moitié de leur volume.

Des médecins, des marchands de sangsues, MM. Valenciennes, Martin, Vauchel, ont avancé qu'un certain degré de gorgement était salutaire aux sangsues que l'on faisait voyager, ou bien que l'on conservait dans les réservoirs; cette assertion n'a rien de réel. Des sangsues entièrement vides supportent mieux les fatigues du transport, se conservent mieux, du moins pendant trois ou quatre mois, que les sangsues gorgées.

Je joindrai encore un vœu à ceux que j'ai émis, concernant la pêche des sangsues; je désirerai qu'il ne fût permis à personne de pêcher dans un marais ou dans un étang, sans une permission, par écrit, du propriétaire. Cette mesure diminuerait le nombre des pêcheurs, elle attirerait l'attention des propriétaires sur l'avantage qu'ils auraient à songer, dans l'aménagement de leurs étangs, à la multiplication des sangsues.

Le gouvernement accorde des allocations annuelles aux Sociétés d'Emulation des départements; il désigne l'emploi de ces fonds. Ne serait-ce pas un bien que, dans les contrées marécageuses, il engageât les Sociétés à solliciter des recherches sur l'histoire naturelle des sangsues? Les mœurs de ces animaux ne sauraient nulle part être étudiées avec succès en dehors des pays d'étangs. C'est le manque de notions justes sur les habitudes de ces animaux, qui a été le plus grand obstacle à la réussite des essais de multiplication.

DEUXIÈME PARTIE.

DU DÉGORGEMENT DES SANGSUES.

« Le haut prix des sangsues rend raisonnable l'idée de faire servir ces animaux à plusieurs applications. S'il n'y a aucun inconvénient, c'est un service à rendre aux pauvres et à tout le monde en général, puisque non seulement cela permettra de donner les sangsues ayant servi à meilleur marché, mais cela abaissera le prix des autres. »

Le temps n'est plus où l'on croyait que les piqûres de sangsues ayant servi sont dangereuses. C'était un préjugé dont la nécessité et l'expérience ont fait justice. La classe pauvre, chez laquelle les préjugés ont tant d'empire, a cessé de craindre l'emploi répété des mêmes sangsues. Depuis quatre ans, j'en ai fait appliquer moi-même près de deux mille pour la seconde, troisième ou quatrième fois; je n'ai jamais eu à m'en repentir.

M. Huzard a démontré, en 1825, que les accidents locaux qui accompagnent les piqûres de sangsues doivent être rapportés à la constitution des personnes, à la nature de leur maladie, au lieu de l'application, aux substances dont on recouvre les petites plaies, aux frictions exercées par les malades, au frottement produit par un linge en laine, par un linge malpropre. « Faites mordre à la cuisse d'un homme sain, dit Vitet, des sangsues qui aient mordu des galeux, des vénériens, des dartreux, des personnes attaquées de la petite vérole, elles ne communiqueront aucune de ces maladies. » Les recueils de la presse médicale contiennent trois ou quatre observations où les sangsues sont accusées d'avoir transmis le vice syphilitique. La valeur de ces observations tombe devant le plus léger examen, aucun rapport n'existe entre les faits dont elles font mention et les conclusions qu'on a voulu en tirer.

Depuis vingt ans l'hôpital de Bourg, lequel a cent vingt à cent cinquante lits, a cessé de jeter les sangsues qui viennent de piquer. On n'y a jamais eu à déplorer le moindre accident. A l'Ile-de-France, les pharmaciens louent des sangsues. Pourquoi ce genre d'industrie, exercé avec habileté et intelligence, ne réussirait-il pas partout ailleurs? Une sage-femme de la campagne, à laquelle j'ai appris ma méthode de faire dégorger et de conserver les sangsues, trouve profit à louer et à appliquer des sangsues, au prix de 15 à 20 centimes chacune, plus ou moins, selon leur nombre. Le prix d'achat est pour elle de 30 centimes.

Bien des années s'écouleront encore avant que la multiplication des sangsues en captivité ait apporté un terme à la disette de ces animaux. La Société royale d'Encouragement a cherché à arriver au même but par une autre voie. Convaincue de l'innocuité des sangsues à une seconde comme à une première application, elle a ouvert un concours sur les moyens les plus économiques de faire dégorger les sangsues, de les rendre aptes à plusieurs succions.

En 1843, elle a décerné un prix de 300 francs à M. le docteur Olivier, du Pont-de-l'Arche. Ce médecin avait remarqué chez plusieurs sangsues la prompte cicatrisation de blessures très-graves. Il pensa qu'on pourrait, sans danger pour la vie de ces annélides, les rendre susceptibles d'un nouvel usage en faisant à leur corps des incisions assez larges pour livrer passage au sang absorbé. Les tentatives de dégorgement eurent un plein succès.

Chargé par la Société royale d'Emulation de l'Ain de lui rendre compte des résultats du concours ouvert par la Société d'Encouragement, j'ai fait à ce sujet un grand nombre d'expériences. Ce sont ces expériences qui m'ont permis d'apprécier la valeur, non seulement du procédé de dégorgement employé par M. Olivier, mais encore celle de tous les moyens généralement connus. Ce sont ces expériences qui m'ont amené à la découverte d'une méthode de dégorgement d'une grande supériorité.

Mon intention est de consacrer les premières pages de ce chapitre à l'examen critique du procédé de M. Olivier, puis à celui de tous les autres procédés de dégorgement. Je parlerai ensuite de la méthode qui m'appartient. Une autre marche ne serait pas d'accord avec celle que j'ai suivie dans mes expériences.

Le procédé de M. Olivier est d'une exécution assez prompte; nuisant peu aux sangsues, il les rend aptes à servir de bonne heure à une nouvelle application. J'ai fait subir à ce procédé plusieurs modifications que je crois utiles.

Une de ces modifications consiste à faire la ponction sous le ventre de la sangsue et sur la ligne médiane. L'ouverture correspond alors à l'intervalle des estomacs. Opérée sur les côtés du corps, selon la méthode de M. Olivier, elle tombe le plus souvent dans les poches stomacales. Qu'arrive-t-il ? La paroi interne des estomacs, étant formée par une membrane flottante, fait hernie à travers la plaie, elle gêne l'écoulement du sang. De là la nécessité d'une ou de plusieurs incisions. L'opération étant faite dans la première partie, les lèvres de la plaie se réunissent plus promptement; il n'y a jamais production de nodosités inflammatoires. Plus vite guéries, les sangsues sont propres de meilleure heure à une nouvelle application. Je coupe, il est vrai, le grand cordon nerveux; mais cette section, qui était redoutée par M. Olivier, n'est jamais suivie d'aucun accident.

Les avantages de la seconde modification ont déjà été signalés par M. Huzard. J'opère la ponction à la réunion du tiers antérieur avec les deux tiers postérieurs du corps de la sangsue, c'est-à-dire une ligne en arrière de l'orifice vaginal. De cette manière, l'ouverture artificielle regarde l'orifice de la plupart des estomacs de la sangsue, de ceux qui ont la plus grande capacité. Pratiquée vers la partie moyenne ou postérieure, l'ouverture correspond en avant, à l'extrémité fermée d'un nombre plus grand de poches stomacales. En pareil cas, lorsque la compression est exercée d'avant en arrière, ce qui a nécessairement lieu, une partie du sang, au lieu de sortir par la plaie, vient s'engouffrer dans ceux des estomacs qui sont situés antérieurement.

J'ai grand soin aussi, ce dont M. Olivier n'a point parlé, de vider la sangsue le plus tôt possible après la succion. C'est une précaution qui n'est pas indifférente au succès de l'opération, quel que soit le mode de dégorgement qui ait été employé.

Voici, en quelques mots, ma manière d'opérer : deux doigts de la main gauche étant posés sur la partie postérieure de la sangsue, la maintiennent renversée, et font saillir par l'afflux du sang la partie à ouvrir. De la main droite prenant une lancette à grain d'avoine, et la tenant en quatrième position, en d'autres termes, comme une plume à écrire, le plat de la lame regardant en haut, la pointe en arrière, je l'enfonce dans l'intervalle de deux plis. Je l'enfonce obliquement de haut en bas et d'avant en arrière ; j'évite ainsi le danger de transpercer l'animal ou de blesser les organes génitaux qui s'étendent le plus souvent jusqu'au trente-troisième anneau.

Je place ensuite les doigts médius et annulaire de la main gauche sur la partie antérieure, et les doigts indicateurs et médius de la main droite sur la partie abdominale et postérieure de la sangsue. Je les place de manière que la dépression longitudinale, formée par la réunion des doigts de chaque main, reçoive le corps de la sangsue. Leur extrémité onguéale doit correspondre à l'incision. J'opère ensuite l'évacuation sanguine en pressant graduellement avec les doigts de leur base à leur extrémité. Lorsque la diminution du volume de la sangsue, la mollesse de son corps, l'inutilité des efforts, m'indiquent que le dégorgement est complet, je la mets pendant quelques jours dans de l'eau que j'ai soin de renouveler souvent, puis dans un vase rempli de terre et de mousse.

Le procédé de M. Olivier permet de faire, en peu de temps, servir les mêmes sangsues à une série d'applications. Vingt sangsues ont produit entre mes mains soixante-trois piqûres en vingt-cinq jours; mais il ne sera jamais un moyen populaire, car il exige du temps, de la patience, une grande adresse, l'habitude de manier les instruments tranchants et des connaissances exactes sur l'anatomie topographique des hirudinées. Ne pouvant, par conséquent, être pratiqué que chez un petit nombre de personnes, ne devant pas l'être chez les très-jeunes sangsues, il ne saurait remplir le but que s'est proposé la Société royale d'Encouragement.

J'ai donc cherché si, parmi les procédés journellement employés, il ne s'en trouve pas quelqu'un bon lui-même, et dont les effets peu satisfaisants doivent être rapportés à l'inhabileté avec laquelle ils sont généralement mis en usage, à l'incurie qui préside ensuite à la conservation des sangsues.

J'indiquerai les méthodes de dégorgement qui m'ont paru être les meilleures entre toutes les méthodes ordinaires. Mon choix n'a point été déterminé par des spéculations théoriques, mais par le résultat d'expériences comparatives. Je ne puis mieux en faire connaître la valeur qu'en décrivant ma manière de procéder. Quand je fais appliquer des sangsues, je les choisis de plusieurs variétés différentes, de sorte qu'à une seconde application, je reconnais, à la manière dont se comporte chaque espèce, les effets de chaque procédé opératoire; j'ajouterai, pour prévenir toute objection, que j'applique tel mode de dégorgement, tantôt à une espèce, tantôt à une autre. Et bien souvent, pour suppléer les occasions, pour rendre les expériences plus exactes, je m'applique les sangsues une à une sur les avant-bras.

J'ai soumis à mon expérimentation tous les procédés dont j'ai eu connaissance.

Les premières personnes qui conservèrent des sangsues ayant été appliquées bornèrent leurs soins à les mettre dans de l'eau qu'elles renouvelaient souvent. Ce procédé est le plus ingrat. « Un grand nombre de ces animaux succombe, soit immédiatement, soit à une époque un peu éloignée. » (MM. Soubeiran et Bouchardat.) « Aucune des sangsues n'est apte à piquer avant six semaines. » (M. Huzard.)

Les sangsues que j'ai fait dégorger avec la poudre d'ipéca, de tabac, ont été pour la plupart atteintes d'inflammation de la peau, d'ulcérations. La première substance est d'ailleurs d'un prix élevé.

Les sangsues placées dans de la poudre de charbon, de tartre stibié, de bois scié, dans du sable ou dans du son, dégorgent tardivement et d'une manière souvent incomplète.

L'immersion des sangsues dans de l'urine est suivie d'effets peu constants; ce moyen a, en outre, quelque chose qui répugne.

La bière a une certaine valeur, et n'est pas partout d'un usage vulgaire. Ce liquide se troublant peu après l'immersion des sangsues, ne laisse pas voir si le dégorgement est achevé.

J'ai essayé de faire dégorger les sangsues, d'après les conseils de M. Martin, en les exposant, sur un grillage, sur un tamis, à la vapeur de l'eau chaude. Mes essais ont été meurtriers.

Le sel en poudre, le bi-carbonate de soude qui a été préconisé par M. Faber, sont plus irritants, plus nuisibles que les cendres, sans être susceptibles d'amener un dégorgement plus prompt. « Si on met des sangsues dans des cendres, a dit M. le docteur Olivier, cette substance se délaie avec les mucosités qu'elles exhalent. Elle forme une boue qui s'accumule dans leurs plis, gêne leurs mouvements; excitant la sécrétion muqueuse, elle est pour elles une cause de maladies; elle les fait périr. » Cet effet a toujours lieu chez les très-jeunes sangsues, mais il n'en est point de même quand on emploie les cendres pour faire dégorger des sangsues de grosseur moyenne, quand on a soin de les retirer, de les laver avec précaution et fréquemment, dès que le dégorgement est achevé. L'usage de cette substance sera long-temps encore le mode de dégorgement le plus fréquent, parce qu'il n'offre en apparence aucune difficulté d'exécution. A-t-on des sangsues gorgées de grosseur moyenne ou des sangsues grosses, ne veut-on s'en servir de nouveau qu'après un repos de douze à quinze jours, peut-on disposer d'une à deux heures? L'emploi des cendres donnera des résultats satisfaisants, pourvu toutefois que l'on observe les précautions que j'ai indiquées.

L'action de l'eau saturée de sel est lente, parfois incertaine; elle rend souvent les sangsues malades. Ces animaux tardent à devenir propres à une nouvelle application.

Les sangsues sont-elles plongées dans de l'eau vinaigrée, une partie de vinaigre pour huit ou dix parties d'eau, elles rendent presque de suite le sang qu'elles contiennent. Mais il n'est pas vrai de dire qu'elles sont immédiatement en état de fonctionner. Loin de là, au sortir de l'eau vinaigrée, elles sont sans mouvement, comme privées de la vie, leur peau est molle, flasque; et pour peu que leur immersion ait été trop prolongée, elles ont de la peine à se rétablir. Si on les retire avant que le dégorgement soit achevé, il a lieu en plusieurs fois, il exige que l'eau de leur vase soit souvent renouvelé.

L'immersion des sangsues dans un mélange, mi-partie d'eau, mi-partie de vin, mérite presque les mêmes reproches que l'immersion dans l'eau vinaigrée. Les sangsues rendent de suite quelques gouttes de sang, mais le dégorgement s'achève avec lenteur, il s'opère à plusieurs reprises.

Et après un séjour prolongé dans ce liquide, elles sont malades pendant plusieurs jours.

Faite à l'aide d'un linge, par des mains calleuses ou malhabiles, avec trop de rudesse, la pression produit des contusions qui se transforment en nodosités inflammatoires. « Il existe des sangsues, a dit M. Huzard, chez lesquelles le sphincter de l'estomac est si serré, si contracté, qu'on ne peut forcer le sang à rétrograder de l'estomac dans l'œsophage; de plus un grand nombre d'annélides en souffre tellement qu'ils ne se remettent pas assez bien pour pouvoir se livrer de suite à l'acte de la succion. » La pression est alors infructueuse, ou bien nécessitant l'emploi d'une force exagérée, elle fatigue davantage les sangsues; elle détermine une aptitude tardive à un nouvel usage.

M. Delayens a conseillé, pour éviter cette difficulté, d'exécuter la pression en deux temps. Il faut d'abord presser la sangsue par le milieu du corps et lui faire rendre deux ou trois gouttes de sang. Et aussitôt qu'un premier et léger dégorgement a eu lieu, il faut recommencer à exercer la pression du disque terminal à la bouche, de manière à faire sortir le sang. Ce conseil est excellent.

Je recommanderai plus particulièrement une autre méthode. Tenant l'extrémité postérieure de la sangsue avec le pouce et l'indicateur de la main gauche, on presse la sangsue d'arrière en avant entre le pouce et l'indicateur de l'autre main, de manière à diriger le sang vers l'orifice bucal. Si le sang refoulé refuse de sortir, au lieu de presser avec force la partie gonflée de la sangsue, il vaut mieux exécuter avec le pouce droit une série de petits mouvements de pression, et cela, en faisant éprouver à l'extrémité onguéale de ce doigt des mouvements alternatifs d'abaissement et d'élévation. Cette extrémité onguéale est alors dirigée vers la tête de la sangsue. On doit se garder d'appuyer sur les organes génitaux.

Ainsi exercée, la pression sera plus avantageuse que tous les autres modes de dégorgement. Un moyen préparatoire ajoute encore à son excellence.

J'ai établi, d'une part, que l'immersion des sangsues dans un mélange d'eau et de vin rend souvent les sangsues malades lorsqu'elle est prolongée, mais qu'elle détermine de suite le dégorgement de quelques gouttes de sang. J'ai exposé, d'autre part, que la pression a le défaut de nécessiter de grands efforts pour faire rendre les premières gouttes de sang; mais que le relâchement du sphincter de l'œsophage une fois obtenu, le dégorgement était prompt, facile, inoffensif. Ces circonstances devaient suffire pour faire soupçonner que la pression perdrait tous ses inconvénients, si elle était précédée de l'immersion des sangsues dans un mélange d'eau et de vin. Cependant, je l'avoue, j'ai été conduit à ces conclusions par le hasard.

Au commencement de 1846, je fus appelé auprès d'un

malade au moment où je venais de mettre des sangsues dans du vin trempé d'eau. N'ayant pas le temps d'attendre qu'elles eussent évacué complètement le sang contenu dans leur organe digestif, j'eus recours à la pression : cette opération fut facile. Quelques jours après, j'eus l'occasion d'appliquer ces sangsues avec plusieurs autres ; je remarquai qu'elles étaient les premières à piquer. J'ai renouvelé le même acte de dégorgement, j'ai toujours obtenu le même succès.

Actuellement, la pression, précédée de l'immersion des sangsues dans un mélange d'eau et de vin, est le seul moyen de dégorgement que j'emploie. *Sous le rapport de la facilité de l'exécution, de l'innocuité pour les sangsues, de la promptitude dans les résultats, soit primitifs, soit consécutifs, il est grandement supérieur à tous les autres procédés.*

J'ai publié ce moyen de dégorgement dans l'*Almanach bressan* de 1847, lequel a paru au mois de novembre 1846. Ce n'est donc point une imitation de celui que la Société royale d'Encouragement a fait connaître dans son journal, numéro de février 1847. Le moyen indiqué par cette Société lui a été communiqué par M. Laforge, d'Aventignac (Hautes-Pyrénées). Il consiste à presser les sangsues après les avoir mises quelques instants dans une dissolution de sel marin.

L'emploi du mélange d'eau et de vin est de beaucoup préférable à l'eau salée. Le vin a, en effet, sur les sangsues une action spéciale, témoin la promptitude avec laquelle piquent des sangsues retardataires lorsqu'elles sont appliquées à l'aide d'un verre dont les parois ont été humectées de quelques gouttes de ce liquide. Le mélange d'eau et de vin ne manque jamais de déterminer tout de suite le relâchement des sphyncters de l'œsophage, tandis que l'eau salée tarde souvent à produire cet effet, et même reste parfois sans action aucune.

Un expérimentateur a recommandé, « quand on ne fait pas le dégorgement immédiatement, d'immerger les sangsues dans de l'eau chaude qui, en maintenant l'excitation produite, conserve en même temps au sang une fluidité qui en facilite la sortie. » C'est une précaution au moins inutile. Le sang, on le sait, reste toujours fluide dans le corps de la sangsue, et l'eau chaude a sur elle une influence délétère, pour peu que sa chaleur soit trop élevée.

Je blâmerai, pour le même motif, le conseil donné par MM. Soubeiran et Bouchardat (1). Ils disposent les sangsues au rejet du sang par la pression, en les plongeant dans de l'eau salée, chaude. Ce double soin rend le dégorgement plus prompt, mais il augmente les chances de nuire à la sangsue, il augmente les embarras de l'opération.

Le dégorgement des sangsues a été pratiqué, en 1845, dans plusieurs hôpitaux de Paris, selon le procédé de MM. Soubeiran et Bouchardat. Il a procuré, comparative-

(1) *Répertoire de pharmacie.* — 1847.

ment aux années antérieures, une économie de cent trois mille sangsues. A raison de 108 francs le mille, elles auraient coûté 21,575 francs. Les frais de main-d'œuvre ont été de 1,938 francs. Il reste donc pour les pauvres un bénéfice net de 19,633 francs (1).

« Cent sangsues réappliquées une seconde fois donnent, d'après MM. Soubeiran et Bouchardat, cent quatre-vingt-trois piqûres. Après une seconde application, lorsqu'elles ont été dégorgées et reprises dans les bassins, puis réappliquées de nouveau, et successivement dégorgées et réappliquées jusqu'à cinq fois, on a pour somme deux cent trente piqûres pour cent sangsues. »

J'ai emprunté cette analyse au *Traité pratique des sangsues* par M. Martin. « J'ai peine à croire, ajoute cet auteur, que si les moyens de dégorgement étaient aussi perfectionnés qu'ils peuvent l'être, il ne fût pas possible d'obtenir des résultats encore plus avantageux. » Ces prévisions de M. Martin seraient réalisées par l'emploi du procédé que je préconise.

Avez-vous des sangsues gorgées? Prenez successivement chacune d'entr'elles, mettez-la dans un mélange à parties égales d'eau et de vin (2), retirez-la dès qu'elle aura rendu

(1) *Journal de la Société d'Encouragement.* (Décembre 1846.)

(2) A défaut de ce liquide, on peut encore, mais non sans désavantage, préparer les hirudinées à rendre le sang par la pression, en ayant recours

une goutte de sang, opérez la pression avec les ménagements convenables, puis lavez-la et placez-la dans un vase d'eau : celle des sangsues traitées ainsi qui, après un repos de quelques heures, refusera de piquer, fera exception à la règle. Je ferai pourtant remarquer qu'en avançant cette proposition que la pression, précédée de l'emploi d'un mélange d'eau et de vin, rend les sangsues gorgées aptes à piquer au bout de quelques heures, je n'ai entendu parler que de sangsues auparavant bien portantes, vigoureuses, de sangsues neuves. Un repos de plus longue durée est nécessaire, lorsque ces animaux ont été fatigués par un long transport, lorsqu'ils ont déjà subi l'épreuve du dégorgement. Toutefois j'insisterai sur ce point qui ressort de mes nombreuses observations, des expériences faites par mes malades : les sangsues que l'on a fait dégorger selon ma méthode, peuvent être appliquées avec succès à des intervalles bien moins éloignés que celles chez lesquelles on a employé tout autre mode de dégorgement. Elles recouvrent promptement et conservent long-temps leur santé et leur vigueur. J'en citerai un exemple pris en dehors de ma pratique particulière.

Curt-Nallet, de Saint-Denis, près Bourg, était sujet à des étourdissements, à des menaces d'apoplexie. Il préve-

à leur immersion préalable dans un mélange d'une partie de vinaigre pour six à huit parties d'eau.

nait leur venue par une application de sangsues, faite tous les quinze à vingt jours au fondement. Il avait coutume de faire dégorger ces animaux en les saupoudrant de sel, en les mettant dans les cendres, ou en les pressant. Mais une partie périssait avant le moment d'une nouvelle application, une autre ne piquait pas; bref, il était obligé à chaque application d'avoir recours au pharmacien.

Au mois d'avril de 1846, en lui remettant des sangsues, je lui enseignai de quelle manière j'avais l'habitude de les faire dégorger et de les conserver. Au mois de décembre, ayant eu occasion d'aller chez lui, je lui en demandais des nouvelles. Il s'était fait mordre treize fois; et des dix angsues, aucune n'avait péri, aucune n'avait jamais refusé de mordre. « Elles valent bien mieux, me dit-il, que celles que je trouverai chez le pharmacien (1). » Cette assertion qui, au premier abord, paraît invraisemblable, est très-naturelle. Les pharmaciens n'ont quelquefois que des sangsues plus ou moins affaiblies par leur entassement dans les entrepôts, par le transport, par leur séjour dans les bocaux étroits. Est-il étonnant qu'une partie ne veuille pas mordre? Au contraire, les sangsues qui, ayant été appliquées, ont piqué avec vivacité, seront aptes à fonctionner de nouveau, si on les a fait dégorger, si on les a

(1) Ces dix sangsues existaient encore, moins une, le 10 septembre dernier. Elles se sont échappées ce jour.

conservées selon une méthode telle qu'elles n'aient pas eu à souffrir.

Je transcrirai ici, à titre de spécimen et sous forme de tableau, la description de deux expériences de dégorgement faites le 15 et le 20 septembre 1846. Je les cite de préférence, non pas parce qu'elles résument les résultats de mes observations, mais parce qu'elles donnent une idée de l'exactitude avec laquelle mes observations ont été recueillies. En effet, les résultats de chacune de mes expériences sont consignées dans un tableau semblable; mon chapitre sur le dégorgement en est le résumé.

En publiant ce tableau, j'ai aussi obéi à un sentiment d'amour-propre. Il faisait partie d'un mémoire que j'ai envoyé en 1846 à un concours de la Société royale d'Encouragement, mémoire qui malheureusement est arrivé trop tard. J'y parlais de plusieurs modes de dégorgement dont les auteurs ont reçu, de la Société d'Encouragement, des médailles d'or à titre de récompense.

Quelques explications sont nécessaires à l'intelligence de ce tableau. Lorsqu'une sangsue a dégorgé, je la lave avec soin, je la mets dans un verre rempli à moitié d'eau, puis je l'essaie le même jour, trois, six, huit heures après le dégorgement, selon le moment que ma clientelle laisse à ma disposition. Pour cette épreuve, je place la sangsue

DÉGORGEMENT DE VINGT-HUIT SANGSUES.

(15 ET 20 SEPTEMBRE.)

EXPÉRIENCES COMMUNIQUÉES A LA SOCIÉTÉ D'ENCOURAGEMENT LE 13 DÉCEMBRE 1846.

ÉCE … SUE. …	VOLUME. 2e.	MÉTHODE de DÉGORGEMENT. 3e.	DATE du MOIS. 4e.	COMMENCEMENT du DÉGORGEMENT. 5e.	SA FIN. 6e.	OBSERVATIONS. 7e.	ESSAIS INFRUCTUEUX. 8e.	DATE DE LA PIQURE. 9e.	OBSERVATIONS. 10e
	Grosse.	Immersion dans un mélange moitié eau, moitié vin, et pression.	15	Dégorgem^{t} prompt et facile.				Elle pique le 15.	Après une minute d'application.
	Moyenne.	*Id.*	15	*Id.*				*Id.*	Après 2 minutes.
	Grosse.	Immersion dans un mélange d'une partie de vinaigre sur huit d'eau, et pression.	15	*Id.*			Refus de piquer le 15.	Pique le 16.	Après 4 minutes sans tenacité.
	Moyenne.	*Id.*	15	*Id.*				— 15.	— 3 minutes.
	Moyenne.	Immersion dans un mélange d'une partie de vinaigre sur quatre d'eau, et pression.	15	*Id.*			Refus le 15.	— 16.	— 4 minutes.
	Grosse.	*Id.*	15	*Id.*				— 15.	— 4 minutes.
	Moyenne.	Ponction sous le ventre.	15				— 15, 16.	— 17.	— 2 minutes.
	Moyenne.	Ponction sur les côtés du dos.	15				— 15.	— 16.	— 3 minutes.
	Grosse.	Ponction sous le ventre.	15					— 15.	— 4 minutes.
	Petite.	Pression isolée.	15	Dégorgem^{t} facile.				— 15.	— 4 minutes.
	Moyenne.	Pression isolée.	15	*Id.*			— 15.	— 16.	— 3 minutes.
	Grosse.	Pression isolée.	15	Dégorg^{t} difficile.			— 15, 16, 17.	— 18.	— 3 minutes.
	Grosse.	Pression après 3 minutes de séjour dans les cendres.	15				— 15.	— 16.	— 4 minutes.
	Grosse.	Cendres.	15	Commen^{t} du dég. après 15 min.	Fin après 25 minutes.			— 15.	— 4 minutes.
	Moyenne.	*Id.*	15	Après 3 minutes.	Après 9.		— 15, 16, 17.	— 18.	— 3 minutes.
	Moyenne.	*Id.*	15	*Id.*	— 12.		— 15.	— 16.	— 3 minutes.
	Grosse.	Immersion dans un mélange d'une partie de vinaigre sur huit d'eau.	20	Après 1 minute.	— 17.	Sang dans le verre le 20.	— 20.	— 21.	— 4 minutes.
	Moyenne.	*Id.*	20	Après 1/4 minute.	— 12.			— 20.	— 4 minutes sans tenacité.
	Moyenne.	Immersion dans eau vinaigrée (1/5e de vinaigre).	20	*Id.*	— 3.	Sang dans le verre le 20. Mollesse.	— 20, 21, 22, 23, 24, 25, 27, 29.	— 30.	
	Grosse.	*Id.*	20	Après 1 min. 1/2.	— 12.			— 20.	— 4 minutes sans tenacité.
	Moyenne.	Pression après immersion dans de l'eau salée.	20				— 20, 21.	— 23.	— 3 minutes.
	Moyenne.	Immersion dans de l'eau salée.	20	Après 1 minute.	— 5.	Sang dans le verre le 21.	— 20, 21, 22, 24, 25, 26, 28, etc.	— le 8 octobre.	
	Grosse.	*Id.*	20	Après 8 minutes.	— 16.		— 20, 21, 22, 24, 25, etc.	— 30.	
	Moyenne.	Emploi du sel en poudre.	20	Après 1 minute.	— 4.	Nodosités et injections sanguines.			Morte le 30.
	Moyenne.	*Id.*	20	Après 1/2 minute.	— 4.		— 20, 22, 23.	— 24.	Après 3 minutes.
	Moyenne.	Exposition à la vapeur de l'eau chaude et pression.	20				— 20.	— 21.	— 3 minutes.
	Moyenne.	Exposition à la vap^{r} de l'eau très-chaude et pression.	20			Insensibilité et mollesse.	— 20.		Morte le 22.
	Moyenne.	Immersion dans de l'eau tiède et pression.	20				— 20, 21.	— 22.	Après 4 minutes.

dans un petit verre à liqueur que j'applique pendant cinq à six minutes sur l'un de mes avant-bras. Je n'ai pas besoin de dire que je l'enlève aussitôt qu'elle a commencé à piquer. Les autres essais ont lieu d'abord tous les jours, ensuite de deux jours l'un.

La première colonne du tableau indique l'espèce de sangsues que j'ai fait dégorger, c'est une remarque qu'il importe de faire. A Bourg, par exemple, les sangsues de Hongrie qui ont eu à supporter les fatigues d'un long transport ne piquent pas aussi promptement que les sangsues grises, lesquelles sortent des étangs du pays.

La seconde colonne désigne le volume des sangsues. Car les effets de chaque mode de dégorgement varient chez des hirudinées de volumes différents. Ainsi la pression, précédée de l'immersion de l'animal dans un mélange contenant une cuillerée de vinaigre pour quatre cuillerées d'eau, réussit mieux si la sangsue est très-grosse, tandis que la pression, précédée de l'immersion dans de l'eau contenant un huitième de vinaigre, réussit mieux pour les sangsues plus petites.

La troisième colonne fait connaître quelle méthode de dégorgement a été employée.

La quatrième indique la date du dégorgement.

La cinquième désigne le nombre de minutes qui se sont écoulées entre le commencement de l'opération et la sortie des premières gouttes de sang.

La sixième indique en combien de minutes le dégorgement a été achevé, circonstance de haut intérêt, pour le médecin qui a de nombreuses occupations, pour l'infirmier qui a à opérer un grand nombre de sangsues. Le dégorgement des grosses sangsues est parfois impossible par la pression isolée; il dure souvent plus de quarante minutes par les cendres, plus de quinze par l'eau vinaigrée, l'eau salée, plus de deux par la ponction; il a toujours lieu en moins d'une minute et demie par la pression, précédée de l'immersion des sangsues dans un mélange d'eau et de vin.

La septième parle de l'état de la sangsue pendant les premières heures qui suivent le dégorgement.

La huitième fait mention des tentatives d'application ayant été faites sans succès.

La neuvième indique la date à laquelle la sangsue a piqué.

La dixième relate la promptitude de la morsure et la tenacité de la sangsue.

TROISIÈME PARTIE.

DE LA CONSERVATION DOMESTIQUE DES SANGSUES.

Quelque excellents que soient les procédés mis en usage pour faire dégorger les sangsues, ils sont peu utiles sans l'emploi d'une bonne méthode de conservation. La conservation domestique des sangsues, étant opérée généralement en dehors de toute notion hygiénique, est rarement heureuse. Ce serait donc accomplir une œuvre utile que de rendre populaire la connaissance des meilleurs moyens de conserver les sangsues. Dans cette pensée, j'ai publié plusieurs instructions sur ce sujet, soit dans le *Journal de la Société royale d'Emulation de l'Ain*, soit dans le *Livre des*

Gardes-Malades (1). Depuis la publication de ces articles, lesquels ont été reproduits en partie par la *Sentinelle des Campagnes*, par le *Journal des Connaissances utiles*, j'ai expérimenté un mode meilleur de conserver les sangsues. J'en parlerai, après avoir retracé mes premiers conseils dont la mise en pratique sera souvent la seule possible.

« Après leur dégorgement, les sangsues doivent être lavées avec soin, puis être mises dans un bocal à large ouverture, contenant au moins autant de décilitres d'eau qu'il y a de sangsues.

« La meilleure eau est celle de pluie, de rivière, d'étangs.

« L'eau doit être souvent renouvelée, tous les deux jours en été, tous les cinq jours en hiver. Elle doit l'être après un orage, une grande pluie; les sangsues choisissent préférablement l'instant de ces mouvements atmosphériques pour évacuer leurs excréments.

« Le changement de leur eau est encore nécessaire, toutes les fois qu'elle est devenue jaune, trouble, rouge,

(1) Petit ouvrage édité à quatre mille exemplaires par la *Bonne-Année*, *bibliothèque populaire et catholique*.

J'ai écrit également dans l'*Almanach Bressan* de 1845, des conseils sur l'application, le dégorgement et la conservation des sangsues. Le prix de cet almanach, qui est destiné aux cultivateurs et aux ouvriers, n'est que de cinq centimes. Il se vend annuellement au nombre de dix mille exemplaires.

qu'elle répand une odeur putride, toutes les fois surtout qu'une sangsue morte ou malade en a été retirée (ce qu'il ne faut pas manquer de faire). Dans ce cas, il est convenable de laver le vase avec soin.

« Les sangsues en liberté aiment la chaleur; en captivité, elles souffrent si elles sont tenues dans une chambre chaude. Exposées à un froid de quelques degrés au-dessous de zéro, elles gèlent d'autant plus facilement qu'il y a moins d'eau dans le vase.

« Que leur bocal ne soit jamais placé près d'un poêle en fonte ou sur une cheminée où l'on fait du feu; que l'on n'y mette jamais de l'eau nouvelle très-froide, qu'il ne soit jamais entièrement plein.

« Imiter certaines personnes qui, dans la crainte de voir ces animaux mourir de faim, ajoutent à leur eau du sucre, des œufs, du sang, de la viande, c'est vouloir en pure perte amener sa corruption.

« Le soin qui, après le renouvellement fréquent de l'eau, est le plus important et peut-être le plus négligé, est de ne jamais laisser dans le vase commun des sangsues malades. Elles y guérissent plus difficilement, et elles communiquent leur maladie aux autres par contagion ou par l'infection de l'eau.

« J'exposerai ici quelques-uns des signes qui font juger qu'une sangsue est malade; ils indiquent la gravité du mal sans en faire connaître la nature. Quelle que soit la maladie d'une sangsue, les seuls remèdes connus étant l'isolement et de l'eau fréquemment renouvelée, il suffit de savoir si elle peut guérir. On met alors la sangsue à part, et on en prend soin. Dans le cas contraire on en fait l'abandon.

« Une sangsue qui rend du sang à odeur putride est vouée à une mort certaine. »

Même jugement doit être porté, savoir :

De celles dont le corps s'effile, en même temps que leur surface se graine, sangsues granulées ;

De celles chez lesquelles l'orifice de l'organe générateur mâle est dilaté, et livre passage à des flocons blancs ou sanguinolents ;

De celles qui se couvrent de larges phlyctènes, d'ulcérations à fonds noirs, à bords durs et renversés ;

De celles dont le corps se gonfle, devient rond, d'une couleur terne, comme macérée, affection putride ;

De celles dont le disque supérieur présente une tuméfaction d'une couleur rouge ou blanche ;

De celles qui sont couvertes d'un grand nombre de nodosités, dont l'extrémité inférieure a perdu la faculté de se contracter ;

De celles qui, prenant la forme d'une olive aplatie, sont devenues dures comme du bois ; à plis transversés et incompressibles.

« Sont malades, mais seront soignées avec chances de réussite :

Celles que le moindre effort suffit pour détacher des parois du vase;

Celles dont les disques sont rentrés en dedans, recoquillés;

Celles dont le corps est mou;

Celles qui présentent des ulcérations peu profondes, sans inflammation dans les parties environnantes;

Celles qui ont des disques largement épanouis, d'un gris blanchâtre, se rattachant au corps par un col rétréci;

Celles qui offrent des ulcérations peu larges, peu nombreuses (noeures) et sans autre symptôme de maladie;

Celles qui rendent d'elles-mêmes du sang non putréfié;

Celles enfin dont la peau est striée d'arborisations rouges. »

Les maladies des sangsues qui se manifestent par ces derniers symptômes ne sont pas incurables; mais les sangsues doivent être tenues isolées, leur eau doit être très-abondante et être renouvelée plus d'une fois par jour. Ces soins étant très-assujettissants, eu égard à la valeur des sangsues, j'ai employé un autre traitement que j'ai vu réussir entre les mains d'un pêcheur de Bourg, le nommé Nid. Moins incommode, il donne lieu à une conservation plus sûre.

Un marchand de sangsues, de passage à Bourg, vida ses sacs devant une fontaine. Après avoir lavé et examiné ses hirudinées, il en jeta plus de trois cents, Nid les recueillit, et, ayant opéré un triage, il en garda cent cinquante à cent soixante. Il les plaça dans de grands vases garnis, jusqu'au deux tiers de leur hauteur, de couches alternées de mousse et de terre d'étangs. Ces sangsues étaient molles, flasques, comme privées de vie; quinze jours après, la plupart, à mon grand étonnement, avaient recouvré leur vigueur. A dater de cette époque, quand j'ai des sangsues malades, je les mets seules dans un verre rempli de terre et de mousse. Je ne songe ensuite à elles qu'au bout de deux ou trois semaines pour voir si elles ont péri ou si elles sont rétablies.

C'est ce même procédé que j'ai appliqué à la conservation des sangsues. Au fond d'un grand vase je place un peu de mousse, je le remplis aux trois-quarts avec de la terre argilo-siliceuse, prise dans un étang au-dessous de la terre végétale, afin qu'elle ne contienne pas des racines ou autres substances organiques. Je dépose la terre en morceaux, en sorte qu'elle ne forme pas un tout lié et homogène. Je la recouvre de mousse mouillée, et j'y place de vingt à trente sangsues, pour un vase de la contenance de trois litres.

Mes soins se bornent ensuite à découvrir le vase tous les six jours en été, tous les quinze jours en hiver, pour y jeter une quantité d'eau approximativement égale à celle qui s'est évaporée (1), ou pour en ôter les sangsues mortes

(1) Précaution inutile quand le vase a un couvercle en terre, ou en verre, ou en bois, un couvercle qui ne laisse pas évaporer l'eau.

ou malades, circonstances d'ailleurs exceptionnelles. Les sangsues bien portantes restent dans la terre, tandis que celles qui sont malades viennent mourir à la surface; il suffit pour reconnaître les dernières de soulever la première couche de mousse. Quelquefois les sangsues malades meurent dans la terre; je suis averti de cet accident par l'odeur qui s'exhale du vase quand je le découvre; j'en suis encore averti, lorsque le vase est en verre, par la teinte rougeâtre prise par la terre attenant à ses parois, par la coloration de l'eau qui est au fond du bocal. Je lave alors les sangsues, je les mets dans l'eau pendant un ou deux jours, puis je les replace dans le vase que j'ai eu soin de laver et dont j'ai renouvelé la terre et la mousse. Je pratique également cette petite opération deux ou trois fois par an.

Cette manière de conserver les sangsues est préférable à toute autre; elle exige moins de soins, et elle conserve mieux aux sangsues leur santé et leur vigueur. Des maladies contagieuses sévissent parfois sur les sangsues. Ces animaux sont-ils tenus dans de l'eau, ce liquide dissout les fluides, il transmet le germe du mal aux sangsues bien portantes. Dans la terre, au contraire, les sangsues malades, alors même qu'elles ne viennent pas à la surface, ne restent pas à côté de celles qui se portent bien; des morceaux de terre les isolent, les séparent les unes des autres; ils offrent toujours quelque part un lieu de retraite non contaminé. La terre, divisée en morceaux, ne s'imbibe qu'en partie des sécrétions morbides ; elle présente aux malades plus de facilité pour venir à la surface. La mousse sert à entretenir la fraîcheur et l'humidité.

Une autre explication rend raison de la moindre disposition des sangsues à être malades pendant leur séjour dans la terre. Lorsque ces animaux sont dans la terre, leur vitalité diminue, leur mouvement de composition et de décomposition est presque suspendu (voyez page 19). Les mêmes phénomènes ont lieu lorsque les sangsues sont tenues dans un lieu frais ; la mortalité des sangsues est moindre pendant le règne d'un froid modéré, dans un lieu frais, que pendant les grandes chaleurs, dans un appartement très-chaud.

J'ai fait construire de grands vaisseaux qui, au tiers de leur hauteur, ont un orifice en forme de tuyau. Je les remplis de terre jusqu'au niveau du tuyau, j'en bouche l'orifice, j'y mets ensuite de la mousse et j'y verse de l'eau. Je place dans ces vaisseaux les sangsues dont je prévois devoir avoir besoin prochainement. Pour renouveler l'eau, je n'ai qu'à déboucher l'orifice, la laisser écouler et en remettre d'autre. Les sangsues bien portantes se tiennent dans la terre, entre la terre et la mousse, les malades restent sur les côtés de la terre ou s'enfoncent dans la mousse.

Jusqu'ici il n'a été question que de la conservation

domestique des sangsues; quand il s'agit de la conservation en grand, ma propre expérience me fait défaut, je suis obligé d'avoir recours aux citations.

A l'Hôtel-Dieu de Paris, les sangsues dégorgées, lorsqu'elles sont en bon état, sont mises dans des pots avec de l'eau fraîche que l'on renouvelle toutes les vingt-quatre heures. Sont-elles fatiguées, on les porte dans de petits marais, espèce de viviers artificiels. Je copie leur description dans un article de MM. Soubeiran et Bouchardat.

« Sur un massif de meulière, on a appliqué une couche de ciment romain; les murs latéraux ont été également enduits; les bassins ont été ensuite remplis d'eau qu'on a renouvelée tant qu'elle a eu la moindre trace d'alcalinité. C'est une condition importante, car de toutes les matières que l'on peut faire agir sur les sangsues, les matériaux alcalins leur sont certainement les plus funestes. Un seul bassin suffit pour un emploi de cinquante mille sangsues par an. Ce bassin, divisé en trois compartiments, a les dimensions suivantes : longueur 12 mètres, largeur 1 mètre 70 centimètres, hauteur 60 centimètres. Le fond du bassin est recouvert d'une couche de glaise ramollie. Dans cette glaise sont plantées plusieurs plantes marécageuses.

« Les sangsues s'enfoncent dans la glaise pour en sortir quand elles sont complètement rétablies. Un courant d'eau continuel et très-lent parcourt le bassin. »

M. Huzard, dans le journal de la Société royale d'Encouragement (1), décrit en ces termes un réservoir construit en 1841 à l'Hôtel-Dieu de Douai :

« Le fond du réservoir est garni d'une couche de glaise et divisé en cinq compartiments; le tout est alimenté d'eau d'une manière continue par une source jaillissante d'un puits artésien. Les compartiments de ce bassin ont été plantés et ensemencés de plantes aquatiques. Pour rendre les sangsues qui ont déjà été employées propres à une seconde succion, on les jette tout uniment dans les bassins d'où on les retire après un certain temps.

« Le placement des sangsues gorgées a commencé en octobre 1842; en avril 1843, six mois après, on a pêché et employé de nouveau les premières sangsues mises à dégorger. Sur huit mille neuf cent trente-six sangsues déposées dans ces bassins après une première succion, six mille six cent quatre-vingt-cinq ont été retirées pour être appliquées de nouveau, et ont été remises ensuite dans les compartiments pour, plus tard, être employées une troisième fois. »

Près du moulin de Crève-Cœur, à Bourg, il existe une botasse peu profonde où, depuis de longues années, les habitants voisins jettent les sangsues qu'ils viennent d'employer. Quand ils veulent en reprendre, ils agitent l'eau; celles qui sont bien portantes, qui ont faim, viennent à la

(1) Numéro de décembre 1846.

surface, les autres restent dans la terre. Parmi les sangsues que j'ai reçues au sortir des étangs, toutes celles que j'ai appliquées ont piqué, qu'elles fussent gorgées ou non gorgées.

« M. Martin conserve ses sangsues, sangsues neuves, dans des réservoirs de 12 à 15 mètres de long. Le fond est formé par une couche d'argile grasse. La profondeur de l'eau y est maintenue à 60 centimètres. Un écoulement continuel d'eau vide celle du bassin, la renouvelle, sans y produire un courant. On l'arrête, au besoin, pour faire stagner l'eau.

« M. Martin possède également un étang qui est traversé par un long fossé naturel. A ce fossé aboutissent des tranchées pratiquées dans la prairie qui est tout-à-fait marécageuse.

« Le fond et les bords de ce réservoir présentent une végétation d'herbes de marais dans lesquelles, vers la nuit, les sangsues viennent ramper.

« Il ne faut pas d'eau très-vive pour les sangsues; elles y maigrissent rapidement.

« Quand on met des sangsues en grand nombre dans des fossés, on est obligé de renouveler la terre argileuse qui en forme le fond, lorsqu'on s'est aperçu qu'elle contient des sangsues mortes, qu'elle répand une odeur putride. » *(Traité pratique des Sangsues.)*

QUATRIÈME PARTIE.

DE L'APPLICATION DES SANGSUES.

Un médecin prudent gradue le nombre des sangsues à appliquer, non seulement selon la nature et l'intensité de la maladie, l'âge et la force du sujet, mais encore selon la qualité et la grosseur des sangsues, selon l'habileté présumée de la garde-malade. Car des sangsues choisies et appliquées avec intelligence, des piqûres *bien menées*, donnent lieu à une évacuation sanguine plus abondante. Si l'application des sangsues était toujours faite avec les soins convenables, la pratique de ces soins, en permettant de tirer le plus grand parti possible d'un nombre donné de sangsues, tendrait à diminuer la consommation générale. Des données certaines sur les précautions dont on doit entourer cette petite opération seront donc un complément utile de ce qui précède.

Cette question comprend le choix des sangsues, le choix et la préparation de la partie qui doit être livrée à leurs piqûres, le mode de les appliquer, les moyens de les exciter à mordre, enfin ceux d'augmenter l'écoulement du sang.

Les sangsues qui, ayant été gorgées, n'ont pas toute leur vigueur, les sangsues malades, doivent être rejetées; elles ne piquent pas, ou bien elles absorbent peu. Elles éprouvent en outre, après cette opération, une plus grande difficulté à se rétablir.

Les sangsues d'un gros volume doivent-elles être préférées? Toutes les fois que la grosseur des sangsues n'est pas déterminée par la plénitude des organes digestifs, ces annélides absorbent davantage; les plaies plus grandes, plus profondes, moins promptes à se former, produisent un écoulement plus abondant.

Si, dans le commerce en détail, les sangsues se vendaient au poids, il y aurait avantage à acheter des sangsues moyennes de 1 gramme 5 décigrammes à 2 grammes 5 décigrammes, parce que, relativement à leur volume, elles absorbent une quantité de sang plus grande. Mais il n'en est point ainsi. Une sangsue de 6 grammes, laquelle absorbera une fois et demi son poids, c'est-à-dire 9 grammes de sang, ne coûtera guère plus qu'une sangsue de 2 grammes, laquelle en absorbant le double de son poids, ne tirera que 4 grammes.

M. Charpentier a eu tort de dire que les petites sangsues tirent plus de sang que les grosses moyennes. Les filets, les petites moyennes, malgré l'assertion de M. Sanson (1), absorbent rarement une quantité de sang supérieure à leur poids. De plus, aussitôt après leur chute, des caillots se forment dans les plaies, empêchent le sang de couler.

Les régions du corps où les sangsues s'attachent le plus facilement, où l'évacuation sanguine est la plus copieuse, sont celles dont le tégument est le plus fin, le plus délicat, dont les veinules sont les plus apparentes, comme aux bords de l'anus, à la partie interne des membres. Quand le lieu d'application ne sera pas indiqué par la nature de la maladie, je recommanderai l'application à l'intérieur des narines, précédée et suivie de fumigations humides.

(1) M. Alphonse Sanson établit le rapport suivant entre le poids des sangsues et le sang qu'elles absorbent :

« Les sangsues du poids de 3 grammes absorbent 15 grammes 33 décigrammes, ou 5 fois 1/3 leur poids ;

Les sangsues de 1 gramme 25 centigrammes absorbent 6,69 ou près de 7 fois leur poids ;

Les petites moyennes absorbent 4,7 ou environ 4 fois 2/3 leur poids ;

Les filets 3,8 ou 3 fois 4/5 leur poids. »

Cette évaluation est exagérée.

Quelques sangsues, appliquées en cette partie, m'ont souvent suffi pour détruire une congestion sanguine cérébrale, ou une ophtalmie, guérir un rhume, arrêter le développement d'un érysipèle de la face, diminuer un état pléthorique général. Le choix de cette partie est surtout opportun lorsqu'une affection a été amenée par la suppression d'un épistaxis habituel.

Des personnes sont dans l'usage d'enduire la partie qui doit être livrée aux sangsues, avec du miel, de la crême, de l'humecter avec du vin, du lait, de l'eau sucrée, ce sont des précautions nuisibles. On doit simplement employer les lotions avec de l'eau chaude ou tiède. Les lotions sont de toute nécessité lorsqu'on veut faire mordre les sangsues aux bords de l'anus, près d'une plaie, sur une partie qui a été frictionnée avec de l'huile, des onguents, etc. Si la peau est pâle, froide, dure, il est avantageux de la recouvrir un moment avec des compresses ayant été trempées dans de l'eau chaude, ou bien avec un cataplasme de son bien mouillé.

Lorsque des sangsues refusent de piquer, on peut encore frictionner la peau de manière à la faire rougir. On peut encore, mais seulement dans les cas pressants, faire à la peau, avec la pointe d'une lancette, de petites piqûres donnant issue à une gouttelette de sang.

Vitet blâme les gardes-malades qui, avant d'appliquer

les sangsues, les tiennent pendant quelque temps dans un vase sans eau. Je crois que cette mesure est utile, lorsque sa durée ne dépasse pas une heure. A la suite de cette espèce de préparation, les sangsues mordent avec plus de vivacité.

Le mode le plus ordinaire d'appliquer les sangsues est de les mettre dans un verre qu'on renverse sur la peau et qu'on y maintient exactement. On se sert également, pour appliquer et contenir les sangsues, d'une compresse qu'on tient fixée avec le creux de la main. J'ai recours aussi à un troisième procédé qui tient des deux premiers. Je couvre l'orifice d'un verre avec un morceau de toile, j'en enfonce le milieu au fond du verre, j'y mets les sangsues, et j'applique le tout sur la partie destinée à être mordue. Cela fait, le vase étant maintenu en place, je tire successivement les quatre coins du linge, en sorte que les sangsues sont ramenées sur la peau.

Le verre ne doit être enlevé que lorsque toutes les sangsues ont mordu, lorsqu'elles ont sucé quelque temps. On le soulève doucement, on détache de ses parois l'extrémité de la queue de chaque sangsue qui y adhère, on évite de les troubler, de les irriter.

Veut-on remettre une sangsue retardataire, ou bien s'agit-il de faire mordre une sangsue dans un espace limité, sur les bords d'une cavité où l'on craint qu'elle ne pénètre, par exemple aux narines, on roule une carte, on en fait un tuyau. On y place la sangsue, puis on applique sur la peau celle des extrémités du tube à laquelle correspond la tête de l'animal. Dès que la sangsue s'est attachée et commence à sucer, on déroule doucement la carte.

Les sangsues s'obstinent-elles à ne pas piquer, on parvient souvent à les faire mordre, en les mettant à l'aide d'un verre dont on a humecté légèrement le fond et les parois avec quelques gouttes de vin.

C'est un tort de couper la queue des sangsues dans le but de faire couler par cette extrémité coupée une plus grande quantité de sang que la sangsue n'a coutume d'en absorber. En agissant ainsi, on hâte la chute de l'animal; et toutes les fois qu'elle n'a pas lieu naturellement, le sang sort des piqûres en moindre quantité.

Lorsque les sangsues se sont détachées, on favorise l'écoulement du sang en plongeant les parties mordues dans un bain d'eau chaude, ou en les exposant à des fumigations humides. L'emploi de ces moyens est-il impossible? On prévient la formation des caillots dans les plaies, en lavant continuellement celles-ci avec une éponge ou avec une compresse imprégnée d'eau chaude. On les recouvre ensuite d'un cataplasme chaud de mie de pain ou de farine de graines de lin.

« Il est un moyen économique de tirer parti doublement

d'un nombre donné de sangsues. Dans le cas où le médecin a prescrit vingt sangsues, appliquez-en douze; soumettez-les, tout de suite après leur chûte, au dégorgement par la pression, précédée de leur immersion dans du vin trempé d'eau. Réappliquez-les sur les mêmes ouvertures; elles s'empliront de nouveau, et vous aurez, pour le prix de douze sangsues, le service de vingt à vingt-quatre. »

J'espère que les détails dans lesquels je viens d'entrer ne paraîtront pas déplacés. L'application des sangsues est d'un usage général, mais les meilleurs moyens d'obtenir le résultat voulu, c'est-à-dire *une évacuation sanguine abondante, avec le plus petit nombre possible de sangsues*, ne sont point assez connus. C'est pourquoi j'ai cru qu'il serait convenable de signaler, entre les conseils donnés à ce sujet par les auteurs, ceux que ma pratique m'a fait reconnaître d'une plus grande utilité.

—

DE LA FORMATION DES COCONS.

Les sangsues sont ovipares; leurs cocons ressemblent parfaitement à des capsules de copahu de M. Mothes, lesquelles seraient enveloppées d'un tissu spongieux ayant à-peu-près l'épaisseur de 4 millimètres. Ces cocons ont quelquefois la largeur des plus grosses sangsues. J'en ai possédé qui pesaient au-delà de 4 grammes. Leur formation est un acte très-curieux qui a été décrit pour la première fois par M. Charpentier.

La description, publiée en 1838 par ce pharmacien, dénote un rare talent d'observation; elle contient cependant plusieurs détails inexacts. Les observations qui m'ont mis à même de découvrir ces inexactitudes me paraissent devoir être des matériaux utiles à l'histoire naturelle des annélides. C'est à ce titre que je les soumettrai à l'appréciation des zoologistes.

Chaque sangsue a les organes communs aux deux sexes, mais elle ne peut se féconder elle-même; un accouplement réciproque est nécessaire. « Pendant l'accouplement, dit M. Charpentier, on voit les sangsues, placées l'une à côté de l'autre, ventre à ventre et tête à queue. » Les sangsues accouplées n'ont pas toujours cette position; je les ai vues plus souvent placées en croix. Toutefois, l'accouplement est toujours double. En effet, après l'acte de la fécondation, chacune des deux sangsues présente, à l'orifice de l'organe générateur mâle, un peu de mucus blanc. Cette substance ne saurait être autre chose que du sperme; elle reste attachée au doigt si on le promène sur le ventre de la sangsue.

« Immédiatement après l'accouplement, a dit Mocquin-Tandon, on remarque autour des parties sexuelles un renflement analogue à celui qu'on observe au tiers antérieur du corps des vers de terre. » « Après la fécondation, dit M. Charpentier, tous les aleutours des parties génitales enflent et durcissent, et en même temps, sur ce point, la peau jaunit, et cela va toujours en augmentant jusqu'au moment où le cocon est formé. »

Aucun gonflement n'existe autour des organes génitaux de la sangsue, ni immédiatement après la fécondation, ni dans les jours qui la suivent, ni même pendant ceux qui précèdent le moment de la pose. La matrice des sangsues, à la dilatation de laquelle on rapporte le gonflement supposé, ne se remplit que pendant la pose; elle se remplit par une espèce d'endosmose aux dépens des liquides contenus dans le canal digestif.

La vacuité de la matrice, jusqu'au moment de la pose, paraît invraisemblable; sa réalité est facile à vérifier.

Une sangsue qui veut poser a tout le corps gonflé et luisant; elle a le corps semblable à celui de ces sangsues dans lesquelles on a insufflé de l'air. La sérosité qui s'échappe de ses cryptes mucipares est plus abondante que de coutume; elle forme de l'écume lorsque l'animal est tenu dans un vase sans eau. Eh bien! pressez entre vos doigts une sangsue chez laquelle vous aurez reconnu, à ces signes, la disposition à poser; vous ne vous apercevrez nullement que la matrice soit gonflée. Ouvrez une sangsue que vous saurez avoir été fécondée quinze, vingt-cinq, trente-cinq jours auparavant, vous ne trouverez pas la matrice dilatée. Vous observerez seulement que les ovaires sont devenus jaunes et un peu plus gros.

La sangsue dépose son cocon à la surface de la terre, dans un petit enfoncement et entre des brins d'herbe, ou dans des trous à une profondeur de 6 à 15 centimètres. A travers les parois de mes bocaux en verre, j'ai surveillé plusieurs fois des sangsues grises, occupées à poser dans la terre. Elles creusent d'abord une galerie terminée par un emplacement plus grand. Il a la forme et le diamètre d'un œuf de poule. Les deux tiers postérieurs du corps de la sangsue restent dans la galerie, ils sont immobiles; l'autre partie est dans la cavité ovalaire. En cette position, la sangsue, tantôt reporte sa tête en bas pour l'humecter d'un liquide secrété par l'orifice vaginal, tantôt redressant et élevant sa ventouse buccale, elle frappe les parois de la cavité.

L'emplacement étant disposé conformément à ses vues,

la sangsue tient constamment sous son ventre son extrémité antérieure; elle la plonge dans le liquide sécrété par l'orifice vaginal; elle fait éprouver à sa tête une série de mouvements d'avant en arrière, mouvements semblables à ceux que les maçons opèrent avec le brasse-mortier. Pendant ce travail, de l'écume se forme autour de la sangsue, elle s'élève sur les côtés, elle la dépasse et l'enveloppe ensuite dans sa partie antérieure.

La sérosité qui forme l'écume est sécretée par la matrice; elle est sécretée peu à peu. Si on tâte une sangsue au moment où elle commence seulement à s'entourer d'écume, on trouve que l'organe femelle est légèrement dilaté. Si on le dissèque, au premier coup de bistouri, on voit sortir par l'orifice vaginal un liquide *blanc, clair,* transparent, visqueux, qui, battu avec la lame du scalpel, devient écumeux.

Lorsque l'écume est formée, la sangsue reste quelque temps en repos. Alors, de deux orifices placés sur son dos, orifices dont les naturalistes n'avaient pas encore reconnu l'usage, il sort un liquide clair et visqueux; se répandant, se coagulant autour de la partie de la sangsue où se trouvent les organes génitaux, il produit une espèce de tuyau membraneux. Ce n'est point là une hypothèse. Lorsque j'ai découvert le dos de sangsues entourées d'écume, au moment où leur tête cessait son mouvement de va et vient, j'ai vu sortir de l'eau par les orifices désignés;

ou bien, en ouvrant les sangsues, j'ai observé, dans leur partie dorsale, sur la ligne médiane, immédiatement en arrière de la matrice, deux petites poches pleines d'un liquide clair et transparent.

Le liquide, sorti par les orifices dorsaux des sangsues, se durcit donc pour former, autour du siége des organes générateurs, un tuyau long d'un peu plus de 2 centimètres. Ce tuyau membraneux est resserré à ses deux extrémités; il enveloppe l'animal comme dans un corselet; il détermine vers la matrice un gonflement semblable à celui remarqué chez les vers de terre. La partie de la sangsue ainsi renfermée se dilate et se resserre alternativement. Elle éprouve comme un mouvement de systole et de diastole. Pendant la diastole, l'ouverture postérieure du tuyau membraneux s'élargit. Tout-à-coup un liquide brun rougeâtre s'infiltre dans ce tuyau; la sangsue retire sa tête en dedans de l'orifice antérieur, puis en dehors de l'orifice postérieur; les orifices se resserrent et il reste une capsule.

Ainsi, au commencement de la pose, la matrice ne contient et ne produit qu'un liquide clair et blanc; après la formation de la capsule, elle laisse échapper un liquide d'un brun rougeâtre. Cette différence de couleur n'est-elle pas encore une preuve que la matrice ne se remplit qu'au moment même de la pose? Autre considération venant à l'appui de cette proposition; si la matrice se dilatait, se remplissait tout de suite après la fécondation, comment se pourrait-il qu'elle mît trente à quarante jours à la formation du premier cocon et cinq jours seulement à celle du second ?

Lorsqu'on dissèque la sangsue qui vient de poser, on voit que la matrice forme un conduit bleuâtre, à parois minces, de la longueur de 7 millimètres. Elle est vide. Si, la détachant par son extrémité extérieure, on cherche à l'enlever, elle entraine avec elle deux petits corps semblables à des grains de millet, quoique plus ronds. Ils tiennent au fond de la matrice, de chaque côté, par un conduit long de 2 à 3 millimètres. Ce sont les ovaires.

L'écume qui entoure la capsule est blanche; après la retraite de la sangsue, elle se sèche, jaunit, puis brunit. Elle se transforme en enveloppe spongieuse. La poche membraneuse qui compose la capsule se durcit un peu, elle diminue d'ampleur, elle se couvre de facettes. Ces petites facettes correspondent au vide des alvéoles du tissu spongieux. Lorsqu'on découvre la capsule dans un espace plus large, il se forme une facette ayant une étendue proportionnelle.

Les cocons livrent passage à de petites sangsues, trente à quarante jours après la pose. Ce temps est beaucoup plus long lorsqu'ils ne sont pas exposés à la chaleur. Des filets, que j'ai trouvés morts dans les cocons, étaient entourés pas des larves d'un insecte diptère qui, selon M. Duméril, appartient à la classe des élophores.

Une monstruosité que j'ai remarquée sur deux filets rappelle celle des deux frères siamois. Une sangsue était adhérente par l'abdomen à la partie dorsale et postérieure d'une autre sangsue. Cette réunion avait lieu dans les deux tiers de leur longueur, le train de derrière du filet le plus élevé était atrophié. Il aurait été facile de croire à une sangsue à deux têtes. Cet annélide monstre vécut plus de deux mois.

BIBLIOGRAPHIE.

Les personnes qui voudront étudier l'histoire naturelle des sangsues, s'instruire sur leur reproduction, sur les moyens de les faire dégorger, etc., liront avec fruit les ouvrages que je vais indiquer :

Histoire pratique des sangsues, par M. Joseph Martin. — Paris, imprimerie de Panckouke, rue des Poitevins, n° 14, 1845.

Cet ouvrage contient des détails intéressans sur le commerce des sangsues. Les moyens de conserver ces animaux, de les faire dégorger, y sont décrits avec soin.

Monographie de la famille des hirudinés, par M. Alfred Moquin-Tandon. — 1827. — In-4°, fig.

Histoire naturelle, anatomie, physiologie et mœurs des hirudinées, officinales et non officinales; notions étendues et très-exactes.

Traité de la sangsue médicinale, par Louis Vitet. — Paris, chez Nicole, rue de Seine, n° 12. — 1809.

Effets thérapeutiques de l'application des sangsues, des maladies où elle est indiquée, des accidens qui peuvent en être la suite, des précautions dont on doit l'entourer, dégorgement.

Monographie des sangsues médicinales et officinales, par A. Charpentier. — Paris, chez Baillère. — 1838.

Anatomie et physiologie, nutrition des sangsues, formation des cocons, réservoirs et moyens de conservation.

Du dégorgement et de la conservation des sangsues, par MM. Bouchardat et Soubeiran. — Répertoire de pharmacie. — 1847.

Recherches sur le genre hirudo, par M. Huzard. — Journal de pharmacie, mars 1825. — Fig.

Caractères distinctifs de la sangsue noire, bâtarde, dite sangsue de cheval; innocuité des sangsues officinales.

Rapport sur le Concours relatif aux moyens 1° de rendre les sangsues propres à plusieurs succions; 2° de les multiplier en grand; par M. Huzard. — Bulletin de la Société royale d'Encouragement, avril 1843. — Paris, imprimerie de Mme veuve Bouchard-Huzard, rue de l'Eperon, 7.

Mémoire sur les moyens de rendre propres à un nouvel usage les sangsues qui ont déjà servi; par M. Olivier. — Même journal, mai 1843.

De la multiplication des sangsues, par M. Faber. — Même journal, février 1844.

De l'élève des sangsues en Hongrie, de leur nutrition et de leur reproduction; de leur accroissement.

Rapport sur la multiplication des sangsues, par M. Huzard. — Même journal, février 1846.

Rapport sur le concours pour des moyens économiques de faire dégorger les sangsues, par M. Huzard. — Même journal, décembre 1846.

Histoire naturelle et médicale des sangsues, par M. S.-L. Derheims. — Paris, chez Baillère. — 1825.

Observations exactes sur la pathologie des sangsues. Les autres chapitres de ce travail renferment une foule d'erreurs.

Des sangsues bâtardes et des sangsues gorgées; — Gazette des Tribunaux des 12 et 19 mai; du 15 juillet.

Sur la disposition et le développement de plusieurs espèces ovipares, appartenant au genre hirudo, par M. Rayer. — Journal de pharmacie, 1824.

De la formation et de la pose des cocons.

Des étangs, de leur construction et de leurs produits, par M. Puvis. — Paris, chez Mme veuve Bouchard-Huzard, rue de l'Eperon, n° 7.

Construction des étangs, des grilles, des canaux d'entrée, de sortie et de trop-plein, des rivières de ceinture; du sol, de l'assolement, de la culture, du pâturage; question légale.

Une note bibliographique, publiée par le journal de la Société royale d'Encouragement, indique le nom de plusieurs ouvrages que j'ai eu le regret de ne pouvoir me procurer. Ce sont :

Essai médical sur les sangsues, par M. G. Rochette, médecin. — Paris, 1803. — In-8°.

Mémoires pour servir à l'histoire naturelle des sangsues, par M. Thomas. — 1808. — In-8°.

Monographie du genre hirudo, ou *Description des espèces de sangsues,* par le professeur Hyacinthe Carena (extrait des *Memorie della reale academia delle scienze di Torino,* tome XXV); in-4°. — 1820. — Fig.

Notice sur les sangsues, par M. Noble, lue à la Société centrale d'agriculture et des arts de Seine-et-Oise, dans sa séance du 6 mars 1822, et imprimée par ses ordres. — Versailles, 1822. — In-8°.

Observations sur la conservation et la reproduction des sangsues, par M. Châtelain, pharmacien. — Cette, 1825.

Essai d'une monographie de la famille des hirudinées, par M. H.-D. de Blainville (XVIIe volume du *Dictionnaire des sciences naturelles*). 1827. — In-8°, fig.

TABLE DES MATIÈRES.

www.ingramcontent.com/pod-product-compliance
Lightning Source LLC
Chambersburg PA
CBHW071051090426
42737CB00013B/2317
* 9 7 8 2 0 1 3 0 1 4 7 2 4 *